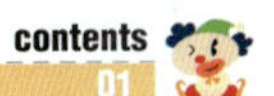

간단한 이탈리아어 발음법!
Alfabeto

09

초간편 기본회화!
Best Basic Conversation!

❶ 대답하는 법! 14
❷ 인사할 때! 16
❸ 자기소개! 18
❹ 부탁할 때! 20
❺ 감사의 인사! 22
❻ 날씨, 시간, 요일! 24

잠깐!! 이탈리아 여행정보!
이탈리아에 대한 일반적인 상식! 26

1. 출발전 준비! 27

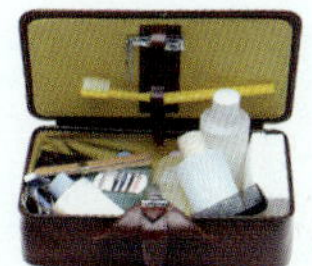

❶ 항공권의 예약! 30
❷ 예약확인/취소/변경 32
✚ 항공권 관련 단어 34

2. 출국수속! 35

① 보딩패스! 1. 38
② 보딩패스! 2. 40
✚ 탑승 관련 단어 42

3. 출발! 기내에서 43

① 기내 입구에서! 46　② 기내 좌석에서! 48
③ 기내식의 주문! 50　④ 기내에서의 쇼핑! 52
⑤ 신고서 작성! 54　⑥ 경유와 환승시! 56
✚ 기내 관련 단어들! 58
✚ 이탈리아 입국 상식! 60

4. 목적지 도착! 61

① 입국심사대에서 1. 64　② 입국심사대에서 2. 66
③ 수하물 찾기! 68
④ 세관심사! 70
⑤ 공항 여행안내소 72
✚ 입국 관련 단어들! 74

Departure

5

C.I.Q!
출국장으로 들어가면 ❶ 세관검사, ❷ 보안검색, ❸ 출국심사가 차례로 이어집니다! 계속 앞으로 앞으로!

6

탑승게이트로 이동!
탑승권에 표시된 탑승구로 이동합니다. '탑승시간'을 반드시 엄수하여야 합니다!!!

공항에서의 출국수속은 다음과 같이 진행됩니다.

❶ 공항도착!

❷ 항공사데스크 체크인!

❸ 관광진흥기금권 구입!

❹ 환전!

❺ 비행기 탑승수속!
|세관신고|, |보안검색|, |출국심사|

❻ 탑승 게이트로 이동!

❼ 탑승!

➕ **잠깐만요!**
시간적 여유가 있다면 면세점에서 쇼핑을 하셔도 좋겠습니다.

➕ 비행기 출발 30분 전에는 탑승게이트 대기실에 도착해 있어야 합니다!

주머니속의 여행 이탈리아어
지은이 * 최보선, K.H.Bruletti
펴낸이 * 남병덕
펴낸곳 * 신나라
연구편집 * 서봉섭,고경미,공정현
　　　　　한슬아,김일겸,박애니
2018년 11월 30일 개정3쇄 발행

등록 * 1991년 10월 14일
등록번호 * 제 2016-344호
주소 * 서울 마포구 독막로28길
　　　　63-4 . 304호
T.02) 6735-2100　　F.6735-2103

* 정가는 표지에 표시!

5. 호텔의 이용! 75

❶ 체크인(예약시)　78
❷ 체크인(미예약)　80
❸ 객실의 이용!　82
❹ 룸서비스의 이용!　84
❺ 프론트의 이용!　86
❻ 호텔식당의 이용!　88
❼ 체크아웃!　90
❽ 유스호스텔의 이용!　92
✚ 호텔 관련 단어들!　94
✚ 이탈리아의 공휴일　96

6. 식당과 요리! 97

❶ 식당을 찾을 때!　100
❷ 식당의 예약!　102
❸ 식당 미예약시!　104
❹ 식사의 주문!　106
❺ 식사시의 표현!　108
❻ 패스트푸드점　110
❼ 식사비의 계산!　112
❽ 주점의 이용!　114
✚ 식사 관련 단어들!　116
✚ 잠깐! 팁!　118

7. 쇼핑용 회화! 119

❶ 쇼핑하는 법!　122
❷ 물건값을 낼 때!　124
❸ 백화점 쇼핑!　126
❹ 면세점 쇼핑!　128
❺ 기념품점 쇼핑!　130
❻ 슈퍼마켓 쇼핑!　132
✚ 쇼핑 관련 단어들!　134

8. 우편, 전화, 은행! 135

❶ 우편물 보내기!　138　　❷ 소포 보내기!　140
❸ 공중전화 걸기!　142　　❹ 전화대화 표현!　144
❺ 국제전화 걸기!　146
❻ 호텔에서의 전화!　148
✚ 우편/전화 관련 단어!　150
❼ 은행의 이용!　152
❽ 잔돈 바꾸기!　154
✚ 은행 관련 단어들!　156

9. 교통수단! 157

❶ 철도의 이용! 1. 160
❷ 철도의 이용! 2. 162
❸ 버스의 이용! 1. 164
❹ 버스의 이용! 2. 166
❺ 선박의 이용! 168
❻ 지하철의 이용! 170
❼ 택시의 이용! 172
❽ 렌터카의 이용! 174
✚ 교통수단 관련 단어! 176

10. 관광하기! 181

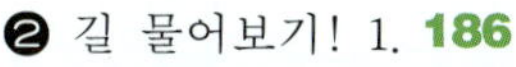
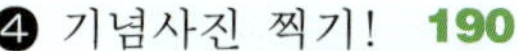

❶ 관광의 시작! 184
❷ 길 물어보기! 1. 186
❸ 길 물어보기! 2. 188
❹ 기념사진 찍기! 190
✚ 관광 관련 단어! 192
❺ 공연의 관람! 1. 196
❻ 공연의 관람! 2. 198
❼ 나이트 클럽! 200
❽ 스포츠 즐기기! 202
✚ 오락 관련 단어! 204
✚ 이탈리아 관광시 주의점! 206

11. 사고상황의 대처! 207

❶ 분실사고시! 1. **210**　　❷ 분실사고시! 2. **212**
❸ 사고의 신고! **214**　　❹ 긴급! 간단표현! **216**
❺ 병원 치료! **218**　　❻ 약국의 처방! **220**
✚ 사고상황 관련 단어! **222**
✚ 긴급상황시 연락처! **226**

12. 귀국 준비! 227

❶ 예약확인! **230**
❷ 귀국시 공항에서! **232**

[특별 부록]
비지니스 이태리어회화! 234

❶ 방문객을 맞을 때! **236**　　❷ 인사할 때! **238**
❸ 회사를 소개할 때! **240**　　❹ 전화 통화시에! **242**
❺ 상담할 때! **244**　　❻ 계약, 주문할 때! **246**

부록: 필수 단어사전! 248

간단한 이탈리아어 발음법!

Alfabeto

이탈리아어를 처음 접하시는 독자 여러분을 위해 '세상에서 가장 간단한 이탈리아어 발음법'을 알려드립니다. 쉽게, 편하게, 그리고 간단하게 익혀서 바로 쓰실 수 있습니다! (한국어 발음표기는 편의상 가장 가까운 음으로 표시하겠습니다.)

ALFABETO(알파벳또) : 이탈리아어의 자모는 21자로 구성됩니다. 이 자모는 표음문자이므로 모음자는 모음 음성을, 자음자는 자음 음성을 나타냅니다. 21자 가운데 모음자는 A, E, I, O, U 등 5자인데 간혹 이중모음화현상을 보이는 경우도 있지만 모두 소리 낸다는 생각으로 발음하면 됩니다. 영어에 있는 J, K, W, X, Y 등은 주로 외래어를 표기할 때 사용됩니다.

간단한 이탈리아어 발음법!

Alfabeto

이탈리아어 발음의 기본적인 특징!

❶ 이탈리아어는 기본적으로 모든 철자가 다 발음됩니다.

❷ H는 묵음입니다. 예) Non ho l'eta'. [논 오 레따]

❸ S는 주로 모음 사이에 위치할 경우 유성음 [Z]에 가깝게 발음됩니다. 예) Rosa [로자]

❹ 이중모음화현상이 있습니다만, 두개의 모음을 연속해 빨리 발음하는 기분으로 소리내면 됩니다. IA, IE, IO, IU [야, 예, 요, 유] / UA, UE, UO, UI [우아, 웨, 워, 위]

❺ 자음 C가 모음 A, O, U와 만나면 각각 '까, 꼬, 꾸'로 발음되는 반면, E, I와 만나면 '체, 치'로 발음됩니다. 이때 그들 사이에 묵음 H가 삽입되면 che[께], chi[끼]로 발음됩니다.

❻ 자음 G가 모음 A, O, U와 만나면 각각 '가, 고, 구'로 발음되는 반면, E, I와 만나면 '제, 지'로 발음됩니다. 이때 그들 사이에 묵음 H가 삽입되면 ghe[게], ghi[기]로 발음됩니다.

❼ 자음 SC가 모음 E, I와 만나면 sce[쉐], sci[쉬]로, 그리고 gl이 모음 I와 만나면 gli[리]로 소리납니다. 또한 GN이 모음들과 만나면 gna[냐], gne[녜], gni[니], gno[뇨], gnu[뉴]로 발음됩니다.

❽ 자음 R은 혀를 충분히 굴려주는 기분으로, Z는 우리말의 '찛다'에서 '찛' 정도로 발음하면 됩니다.

A	**a**	아 [ㅏ]
B	**b**	비 [ㅂ]
C	**c**	치 [ㅊ,ㄲ]
D	**d**	디 [ㄷ]
E	**e**	에 [ㅔ]
F	**f**	에프훼 [ㅍ]
G	**g**	쥐 [ㅈ]
H	**h**	악까 [무음]
I	**i**	이 [ㅣ]
L	**l**	엘레 [ㄹ]
M	**m**	엠메 [ㅁ]

N	n	엔네 [ㄴ]
O	o	오 [ㅗ]
P	p	삐 [ㅃ]
Q	q	꾸 [ㄲ]
R	r	에레 [~ㄹ]
S	s	엣쎄 [ㅅ, ㅆ]
T	t	띠 [ㄸ]
U	u	우 [ㅜ]
V	v	브 [ㅂ]
Z	z	젯따 [ㅉ~]

J	j	이룽가 [ㅈ]
K	k	깝빠 [ㄲ]
W	w	브돕삐아 [ㅂ]
X	x	익스 [ㅋ+ㅅ]
Y	y	입씰론 [ㅣ]

초간편 기본회화!
Best Basic Conversation!

여행 이탈리아어 회화!
기본의 기본을 소개합니다.
6가지 기본 상황별로 정리했습니다!

❶ 대답하는 법!　　❷ 인사할 때!

❸ 자기소개!　　❹ 부탁할 때!

❺ 감사의 인사!　　❻ 날씨, 시간, 요일!

"여행회화, 기본의 기본입니다! 미리 준비해 두시면 유용하게 자주 쓸 수 있는 표현들입니다!!!"

초간편 기본회화!
Best Basic Conversation!

여행 이탈리아어 회화!
기본의 기본을 소개합니다.
6가지 기본 상황별로 정리했습니다!

대답할 때 자주
쓰는 표현들을
공부합니다!

예. (네.)
Si'.
씨

아니오.
No.
노

알겠습니다. / 그래요.
D'accordo.
닥꼬르도

알겠습니다. (알았습니다.)
Ho capito.
오 까삐도

① 대답하는 법!

맞습니까?
E' esatto?
에 에삿또

맞아요. / 그렇습니다.
Si', esatto.
씨 에삿또

저도 그렇게 생각합니다.
Sono d'accordo.
쏘노 닥꼬르도

좋은 생각입니다.
Buona idea.
부오나 이데아

가장 많이 쓰는 대답 표현들입니다.

초간편 기본회화!
Best Basic Conversation!

여행 이탈리아어 회화!
기본의 기본을 소개합니다.
6가지 기본 상황별로 정리했습니다!

다양한 인사법들
을 연습해 보겠
습니다!

안녕하십니까? (아침)
Buongiorno.
부온지오르노

안녕하십니까? (낮)
Buongiorno.
부온지오르노

안녕하십니까? (저녁)
Buonasera.
부오나쎄라

안녕히 주무세요.
Buonanotte.
부오나놋떼

2 기본 회화

❷ 인사할 때!

안녕하십니까? (밤)
Buonasera. /

부오나쎄라
Buonanotte.

부오나놋떼

안녕히 계세요. (가세요)
Arrivederci.

아리베데르치

또 만납시다!
Arrivederci.

아리베데르치

즐거운 하루 되세요!
Buona giornata.

부오나 지오르나따

인사할 때는 언제나 웃는 얼굴로 하셔야 해요~!

초간편 기본회화!
Best Basic Conversation!

여행 이탈리아어 회화!
기본의 기본을 소개합니다.
6가지 기본 상황별로 정리했습니다!

자기를 소개할 때 쓸 수 있는 기본 표현들입니다!

안녕하세요.
Buongiorno.
부온지오르노

처음 뵙겠습니다.
Sono felice di incontrarla.
쏘노 휄리체 디 인꼰뜨라르라

어떻게 지내십니까?
Come state?
꼬메 스따떼

저도 잘 지내고 있어요.
Sto bene.
스또 베네

③ 자기소개!

만나서 반갑습니다.
Sono molto onorato di incontrarvi.
쏘노 몰또 오노라또 디 인꼰뜨라르뷔

저는 한국 사람(남자/여자)입니다.
Sono coreano(a).
쏘노 꼬레아노(나)

내 이름은 ~입니다.
Mi chiamo ~.
미 끼아모

당신의 이름은?
Come ti chiami?
꼬메 띠 끼아미

이 정도로만 설명해도 당신은 이미 성공입니다!

초간편 기본회화!
Best Basic Conversation!

여행 이탈리아어 회화!
기본의 기본을 소개합니다.
6가지 기본 상황별로 정리했습니다!

부탁하실 일이! 있
으면 주저하지 말
고 말씀하세요!

좀 도와주세요.
Mi aiuti?
미 아이우띠

실례합니다만,
말씀 좀 여쭙겠습니다.
Posso domandarvi qualche cosa?
뽀쏘 도만다르뷔 꾸알께 꼬사

저를 좀 도와 주십시오.
Potete aiutarmi?
뽀떼떼 아이우따르미

④ 부탁할 때!

이 일을 처리해 주시길
부탁드립니다.

Posso chiedervi un favore?

뽀쏘 끼에데르뷔 운 화보레

물론이지요.

Certamente.

체르따멘떼

좀더 천천히 말씀해 주십시오.

Parlate piu' lentamente, per favore?

빠를라떼 삐우 렌따멘데 뻬르 화보레

도움이 필요하십니까? 이렇게 말씀하십시오~!

초간편 기본회화!
Best Basic Conversation!

여행 이탈리아어 회화!
기본의 기본을 소개합니다.
6가지 기본 상황별로 정리했습니다!

도움을 받았다면
반드시 감사의
인사를 전합니다.

감사합니다.
Grazie.
그라찌에

전화해 주셔서 감사합니다.
Grazie per avermi chiamato.
그라찌에 뻬르 아베르미 끼아마또

고맙습니다.
Grazie mille.
그라찌에 밀레

5

❺ 감사의 인사!

보살펴 주셔서 감사합니다.
E' molto gentile da parte vostra.
에 몰또 젠띨레 다 빠르떼 보스뜨라

아주 많은 도움에 감사합니다.
Grazie d' avermi aiutato molto.
그라찌에 다베르미 아이우따도 몰또

천만에요.
Siete il benvenuto.
씨에떼 일 벤베누또

별 말씀을요.
Di nulla.
디 눌라

감사의 인사, 정중하면 할수록 더욱 좋습니다~!

초간편 기본회화!
Best Basic Conversation!

여행 이탈리아어 회화!
기본의 기본을 소개합니다.
6가지 기본 상황별로 정리했습니다!

날씨와 시간에 대해 이야기 하는 방법들입니다!

오늘 날씨가 어떻습니까?
Come e' il tempo oggi?
꼬메 에 일 뗌뽀 옷지

좋은 날씨군요.
E' bello.
에 벨로

날씨가 덥군요. (춥군요)
Fa caldo (freddo).
화 깔도　　　　후렛도

 날씨ㅣ시간ㅣ요일

비가 올 것 같습니다.
Sembra che piovera'.
쌤브라 께　삐오베라

지금 몇 시입니까?
Che ore sono?
께 오레 쏘노

오늘은 무슨 요일입니까?
Che giorno e' oggi?
께 지오르노 에 옷지

오늘 며칠입니까?
Qual e' la data di oggi?
꾸알 에 라 다따 디 옷지

요일과 날짜를 물을 때 쓰는 방법도 기억해 둡니다.

> ✚ **이탈리아에 대한 일반적인 상식!**

ⓐ **이탈리아의 정식 명칭 :** 이탈리아 공화국
　　　　　　　　　　　　(**La Repubblica Italiana**)

ⓑ **이탈리아의 인구 :** 약 5832만 명

ⓒ **이탈리아의 종교 :** 카톨릭교

ⓓ **이탈리아의 언어 :** 이탈리아어

ⓔ **이탈리아의 화폐 : EURO** (유로)

ⓕ **기타 이탈리아 정보:**

시차 : 8시간(서머타임 때에는 한국보다 7시간 늦음)

전압 : 220V
(지방이나 오래된 건물에서는 125V를 사용하기도 함)

1. 출발전 준비!

해외여행에 앞서 반드시 준비되어야 할 것들이 있습니다. 우선 기본적으로 갖추어야 할 것으로 ❶ 여권, ❷ 비자, ❸ 각종 증명서 발급, ❹ 항공권, ❺ 환전 및 여행자 보험 가입, ❻ 여행정보수집 등을 들 수 있습니다.

❶ 여권의 준비!

● **여권의 종류** : 여권은 '대한민국 국민임을 증명하는 증명서' 입니다. 외국에서의 안전을 보장해 주는 신분증이기에 가장 중요한 준비물입니다. 여권의 종류는 관용여권과 일반여권으로 나뉘며, 여행자들이 받게되는 일반여권은 유효기간에 따라 복수여권(5년), 단수여권(1년)으로 나뉩니다. 복수여권은 5년간 사용횟수에 제한이 없기 때문에 일반적으로 많이 신청합니다.

● **여권의 신청 :** 여권은 시, 구청 여권과에서 발급하며, 보통 2~3일 소요됩니다. (지방 시, 군청은 7~10일 소요) 여권 신청서류는 ⓐ 여권발급 신청서, ⓑ 주민등록등본 1통, ⓒ 주민등록증이나 운전면허증, ⓓ 여권용 사진 2매, ⓔ 병역서류 (국외여행허가서), ⓕ 발급비(복수여권:45,000원, 단수여권:15,000원) 등 입니다.

❷ 비자의 준비!

비자(VISA)는 '입국사증', 즉 '입국을 허락하는 증명서'로서 이탈리아대사관에서 받을 수 있읍니다. (서울시 용산구 한남동 1-398 ☎ 02-796-0491)

비자 신청 서류는 ⓐ **여권 (유효기간 6개월 이상의 것),** ⓑ **비자신청서,** ⓒ **여권사진 1장,** ⓓ **주민등록증 사본,** ⓔ **수수료** 등 입니다.

그러나 이탈리아를 비롯한 유럽의 대부분의 나라들은 우리나라와 비자 면제 협정을 체결하고 있으므로 90일 이내의 관광에 한해서는 여권만 있으면 입국이 가능합니다.

❸ 각종 증명서!

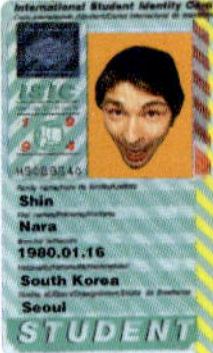

ⓐ **국제학생증 :** 국제학생여행연맹이 발급하는 전세계 어디에서나 통용되는 학생증입니다. 신청서류는 학생증 사본, 반명함판 사진 1매, 신청서, 수수료이며, 발급장소는 국제학생여행사(☎ 02-733-9494)이고, 발급후 1년간 유효합니다. http://www.isic.co.kr

ⓑ **유스호스텔회원증** : 여행자를 위한 숙소
인 세계 각국의 유스호스텔을 사용할 수
있는 회원증입니다. 신청서류는 회원신청서
1부이며, 발급장소는 한국유스호스텔연맹
(02-725-3031)이나 각 지방 유스호스텔 연
맹에서 신청 가능합니다.
http://www.kyha.or.kr

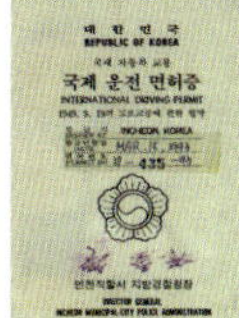

ⓒ **국제운전면허증** : 여행지에서 직접 운전
을 하실 분이라면 반드시 챙겨가야 하는 것
이 운전 면허증입니다. 신청은 관할 운전면
허시험장에서 하며, 신청서류는 여권, 운전
면허증, 주민등록증, 사진1매, 수수료(5,000
원)입니다.

✚ 그밖의 여행준비물!

그밖에 필요한 여행준비물들로는 먼저 ⓐ 옷가지(해당지역의
기후에 맞게 2~3벌), 우비 또는 우산, 양말, 속옷(3~4벌)이
필수적이며, 비지니스맨이라면 색상이 다른 와이셔츠와 넥타
이 세벌씩은 기본입니다. ⓑ 위생용구(수건, 세면도구, 화장
품, 비상약품 - 감기약, 소화제, 정로환, 반
창고, 붕대, 파스, 생리용품)가 필요할 것이
며, 그리고 ⓒ 작은 배낭, 전대, 맥가이버
칼, 간단한 인스턴트 식품류 2~3일분, 소
형 계산기, 카메라, 필름 등을 준비하면 됩
니다.

❶ 이탈리아 항공입니다. 말씀하십시오.

❷ 로마행 비행기편을 예약을 하고 싶습니다.

❸ 밀라노행 항공편을 예약하고 싶습니다.

❹ 언제 떠나실 예정이죠?

❺ 이번 금요일이요.

❻ 목요일 오후에 출발하는 비행기가 있나요?

❼ 나폴리까지 왕복 티켓료는 얼마입니까?

❽ 이코노미 클래스(2등석)로 주십시오.

❾ 그것으로 하겠습니다.

❶ Alitalia, Buongiorno, vi ascolto.
알리딸리아 부온지오르노 뷔 아스꼴따또

❷ Vorrei prenotare un posto d' aereo per Roma.
보르레이 쁘레놋따레 운 뽀스또 다에레오 뻬르 로마

❸ Vorrei prenotare un biglietto aereo per Milano.
보르레이 쁘레놋따레 운 빌리엣또 아에레오 뻬르 밀라노

❹ Quando parte?
꾸안도 빠르떼

❺ Questo venerdi' .
꾸에스또 베네르디

❻ C' e' un volo questo giovedi' mattina?
체 운 볼로 꾸에스또 지오베디 맛띠나

❼ Qual e' il prezzo di un biglietto andata-ritorno per Napoli.
꾸알 에 일 쁘렛쪼 디 운 빌리엣또 안다따-리또르노 뻬르 나폴리

❽ Vorrei un posto in seconda classe.
보르레이 운 뽀스또 인 쎄꼰다 끌랏쎄

❾ Prendo questo.
쁘렌도 꾸에스또

❶ 이탈리아 항공입니다. 말씀하십시오.

❷ 항공권 예약 재확인을 하고 싶습니다.

❸ 이 예약을 취소해주십시오.

❹ 예약을 변경하고 싶습니다.

❺ 성함과 비행기 번호를 말씀해 주십시오.

❻ 제 이름은 김철수입니다.

❼ 다른 항공회사편을 알아봐 주십시오.

❽ 가능한 빠른 ~행 비행편을 예약해 주세요.

1. 출발전 준비!

❶ Alitalia, Buongiorno, vi ascolto.
알리딸리아 부온지오르노 뷔 아스꼴또

❷ Vorrei confermare la mia prenotazione.
보르레이 꼰훼르마레 라 미아 쁘레놋땃찌오네

❸ Vorrei annullare la mia prenotazione.
보르레이 안눌라레 라 미아 쁘레놋땃찌오네

❹ Vorrei cambiare la mia prenotazione.
보르레이 깜비아레 라 미아 쁘레놋땃찌오네

❺ Il vostro nome e numero di volo.
일 보스뜨로 노메 에 누메로 디 볼로

❻ Il mio nome e' Chul Soo Kim.
일 미오 노메 에 철 수 김

❼ Potete assegnarmi sul volo di un' altra compagnia?
뽀떼떼 앗쎄냐르미 쑬 볼로 디 운알뜨라 꼼빠니아

❽ Mi potete fare una prenotazione nel prossimo volo con destinazione ~?
미 뽀떼떼 화레 우나 쁘레놋땃찌오네 넬
쁘롯씨모 볼로 꼰 데스띠낫찌오네

➡ 항공권 예매관련 단어표현

여행사	**L' agenzia di viaggio**
	라젠지아 디 뷔아지오
항공사	**la compagnia aerea**
	라 꼼빠니아 아에레아
항공권	**il biglietto aereo**
	일 빌리엣또 아에레오
예약	**la prenotazione** 라 쁘레놋땃찌오네
확인	**la conferma** 라 꼰훼르마
취소	**l' annullamento** 란눌라멘또
정기편	**il volo regolare** 일 볼로 레골라레
탑승권	**la carta d' imbarco**
	라 까르따 딤바르꼬
운임	**la tariffa** 라 따릿화
1등석	**la prima classe** 라 쁘리마 끌랏쎄
2등석	**la seconda classe**
	라 쎄꼰다 끌랏쎄
연락처	**l' indirizzo** 린디릿쪼
수속	**la registrazione**
	라 레지스뜨랏찌오네
카트	**il carrello** 일 까렐로
대한항공	**Corean air** 꼬레안 에어
이탈리아항공	**Alitalia** 알리딸리아

2. 출국수속!

❶ 출국준비의 순서!

공항에서의 출국수속은 크게 다음과 같이 진행됩니다. 공항에 도착하시면 다음과 같은 순서로 출국수속을 밟으세요.

❶ 병무신고(남자 : 공항병무신고 사무소 3층 A카운터에서 확인필증 교부), ❷ 항공사 체크인(자신이 이용할 항공사 카운터로 이동해서 비행기 좌석번호와 수하물표를 받음), ❸ 관광진흥기금 구입(10,000원, 자동판매기 이용) 및 환전(공항 환전소나 공항내 면세점 구역 환전소 이용), ❹ 출입국신고서 작성(출국심사대 앞에 비치되어 있음), ❺ 비행기 탑승수속, ❻ 세관신고(고가품은 신고필증(**custom stamp**)을 교부

받도록 함), ❼ 보안검색(금속탐지문 통과), ❽ 출국심사 (탑승권, 여권, 출입국신고서를 제출하면 심사관이 확인한 후 날인과 함께 출입국신고서의 한쪽을 절취해 여권에 부착해 줌), ❾ 탑승 게이트로 이동, ❿ 탑승의 순서로 임하시면 되겠습니다.

공항에는 최소한 2~3시간 전에 도착하도록 하며, 비행기 출발 30분 전에는 탑승게이트 대기실에 도착해 있어야 합니다.

❷ 인천국제공항 상식

ⓐ **공항까지의 교통편 :** 국제선 이용 승객은 인천국제공항을 이용합니다. 인천국제공항까지는 인천국제공항 전용고속도로 (40.2km)를 이용합니다. 서울에서 인천공항까지의 이동 방법 으로는 리무진 버스(서울역-인천국제공항간 75분 소요), 택 시(60분 소요), 지하철(5호선 방화역, 김포공항에서 리무진 버스로 환승)을 이용하실 수 있습니다. 운송화물을 미리 보 낼 경우, 김포 도심 터미널이나 삼성동 서울 도심공항 터미 널을 이용하시면 공항 이용료가 할인됩니다.

인천국제공항 : **www.airport.or.kr**
서울 도심공항터미널 : **www.kcat.co.kr**

ⓑ **공항 면세점 :** 출국심사를 마치고 탑승게이트 쪽으로 들 어서면 공항 면세점이 중앙에 있습니다. 선물(시계, 화장품, 향수, 민속상품, 기념품)이나 기호품(담배, 술, 초콜릿, 문구 류, 필름)을 할인된 가격으로 살 수 있습니다.

❸ 공항에서 할 일!

ⓐ **병무신고** : 만 18세 이상 30세까지의 병역미필자는 인천국
제공항 청사 3층에 있는 병무신고소에 거주지 동사무소로부
터 발급 받은 신고필증을 제출하고, 확인필증을 교부받으면
됩니다.

ⓑ **항공사 데스크에서의 보딩패스** : 항공사 데스크로 가서
여권, 항공권을 제시하면 비행기내 좌석번호를 받게 됩니다.
그리고 탁송할 화물들을 계근대 위에 올려 놓으면 항공사 직
원은 확인 후 수하물표(**claim tag**)를 가방에 달아 주고, 화물
의 인환증을 항공표 뒷면에 붙여 줄 것입니다. 이때 인환증의
갯수와 행선지 표시를 반드시 확인해 만약 화물이 분실되었
을 경우를 대비해야 합니다.

ⓒ **출국수속** : 공항이용권을 내고 출국심사장으로 들어가면
곧바로 세관을 통과하게 되고 출국심사대 앞에 서게 되는데,
이때에 여권, 항공권, 출국신고서를 심사대 직원에게 제출하
면 됩니다. 직원은 여권의 유효관계를 확인하고 출국심사확
인표를 여권에 붙여 줍니다.

✚ 관광진흥기금 구입과 출입국신고서 작성

'관광진흥기금'은 각 데스크 근처의 자동판매기에서 살 수
있으며, 가격은 10,000원입니다. (이것
은 출국수속장 입구에 내시면 됩니다)
그리고 출입국신고서는 탑승수속 카운
터 앞쪽에 마련된 테이블에 비치되어
있는 출입국신고서(**E/D Card**) 양식에
작성하면 됩니다. 양식은 한글, 한자,
알파벳으로 작성합니다.

❶ 비행기표를 보여 주시겠습니까?

❷ 여기 있습니다.

❸ 통로측 좌석을 원합니다.

❹ 네, 여기 있습니다. 좌석번호는 A-20입니다.

❺ KAL카운터로 이 짐을 운반해 주세요.

❻ 짐이 있습니까?

❼ 있습니다.

❽ 없습니다.

❾ 짐은 전부 3개입니다.

❶ Posso vedere il vostro biglietto aereo?
뽀쏘 베데레 일 보스뜨로 빌리엣또 아에레오

❷ Eccolo.
엑꼴로

❸ Vorrei un posto vicino al corridoio.
보르레이 운 뽀스또 뷔치노 알 꼬리도이오

❹ Si', il vostro numero di posto e' A-20.
씨 일 보스뜨로 누메로 디 뽀스또 에 아-벤띠

❺ Puo' trasferire questi bagagli al comparto registrazioni della Korean Air?
뿌오 뜨라스훼리레 꾸에스띠 바갈리 알 꼼빠르또
레지스뜨랏찌오니 델라 꼬레안 에어

❻ Avete dei bagagli?
아베떼 데이 바갈리

❼ Si', ho dei bagagli.
씨 오 데이 바갈리

❽ No, non ho dei bagagli.
노 논 오 데이 바갈리

❾ Si', in tutto sono tre.
씨 인 뚜또 쏘노 뜨레

❿ 짐은 전부 3개입니다.

⓫ 탑승 수속은 어디에서 합니까?

⓬ 5번 게이트는 어딥니까?

⓭ 탑승 시간은 언제입니까?

⓮ 면세점은 어디에 있습니까?

⓯ 저쪽에 있습니다.

La carta d' imbarco
(라 까르다 딤바르꼬) : 탑승권
il passaporto (일 빳싸뽀르또) : 여권
il biglietto aereo (일 빌리엣또 아에레오)
: 항공권

앗! 단어장!

2

❿ Si', in tutto ho tre bagagli.
씨 인 뚜스또 오 뜨레 바갈리

⓫ Dove si puo' fare la registrazione per l' imbarco?
도베 씨 뿌오 화레 라 레지스뜨랏찌오네 뻬르 림바르꼬

⓬ Dove e' l' ingresso 5?
도베 에 린그렛쏘 친꿰

⓭ A che ora e' l' imbarco?
아 께 오라 에 림바르꼬

⓮ Dove sono i negozi 'Free tax' ?
도베 쏘노 이 네곳찌 프리 텍스

⓯ Da quella parte.
다 꾸엘라 빠르떼

La tassa aeroportuale
(라 땃싸 아에로뽀르뚜알레) : 공항세
il numero di posto (일 누메로 디 뽀스또)
: 좌석번호

앗! 단어장!

공항 관련 단어표현

공항	**L' aeroporto** 라에로뽀르또
국제공항	**l' aeroporto internazionale** 라에로뽀르또 인떼르낫찌오날레
국내선	**la linea interna** 라 리네아 인떼르나
국제선	**la linea internazionale** 라 리네아 인떼르낫찌오날레
안내소	**il centro d' informazione** 일 첸뜨로 딘포르맛찌오네
검역소	**il centro per le vaccinazioni** 일 첸뜨로 뻬르 레 밧치낫찌오네
검역증명서	**il certificato delle vaccinazioni** 일 체르띠휘까또 델레 밧치낫지오네
세관	**la dogana** 라 도가나
탑승구	**la porta d' imbarco** 라 뽀르따 딤바르꼬
대합실	**la sala d' attesa** 라 쌀라 닷떼사
출국수속	**la registrazione della partenza** 라 레지스뜨랏찌오네 델라 빠르뗀짜
입국수속	**la registrazione dell' arrivo** 라 레지스뜨랏지오네 델라리보
출발지	**il luogo della partenza** 일 루오고 델라 빠르뗀짜
도착지	**il luogo d' arrivo** 일 루오고 다리보

3. 출발! 기내에서

❶ 기내의 안전수칙!

ⓐ **지정좌석** : 기내에서는 지정된 좌석에 앉아야 합니다. 짐은 머리 위쪽의 선반에 넣는데 안전을 위해 무거운 짐은 다리 아래에 놓습니다. 승무원의 지시에 따라 이착륙시에는 좌석에 앉고, 반드시 안전밸트를 착용합니다. 좌석상단의 메시지 램프에는 안전고도에서 정상운행 중일지라도 기류에 따라 경고등이 표시되곤 합니다. 이때 **'No Smoking'**은 '금연'을, **'Fasten Seat Belt'**는 '안전벨트를 매시오' 라는 뜻입니다.

ⓑ **좌석의 조정** : 비행기의 좌석은 뒤로 젖힐 수 있게 되어있어 장거리 여행시에는 뒤로 눕혀 잠을 잘 수도 있습니다. 그러나 이착륙시나 식사 때는 의자를 바로 세워 정위치로 만듭

니다. 눕힐 때는 뒷좌석의 손님에게 양해를 구하거나 천천히 젖히는 것이 바람직합니다. 자리가 불편할 경우 승무원에게 부탁하면 다른 자리로 옮길 수 있습니다.

ⓒ **안전사항 :** 비행기 멀미를 하시는 분이라면 좌석 앞주머니에 준비되어 있는 구토용 봉지를 사용하시거나, 호출버튼을 눌러 스튜어디스에게 찬음료나 진정제 등을 부탁할 수 있습니다. 그리고 기내 주요 유의사항으로는 비행기 안전운항에 장애가 될 수 있기 때문에 모든 전자제품의 사용을 금하는 것과 다른 승객에게 불편이 될 수 있기 때문에 기내에서는 금연이라는 것, 그리고 흉기의 기내 반입은 절대 금지되고 있음을 기억해 주십시오.

❷ 기내의 식사!

기내식으로 제공되는 것으로는 식사, 차, 주류 및 청량음료 등이 있습니다. 좌석의 등급별로 식사는 다르게 나오며, 본인이 못 먹는 음식은 피할 수도 있습니다. (채식식단과 육식식단이 함께 준비되기 때문에 선택적으로 주문이 가능합니다.) 기내식은 통상 이륙 후 3~4시간 후에 서비스됩니다. 음료는 식사 때가 아니더라도 필요하면 언제라도 주문이 가능하며, 기내에서는 탄산음료 보다는 물이나 과일 주스류가 좋습니다. 주류는 제한된 양이지만 맥주 한두 캔이나 와인 한두 잔은 무료로 서비스됩니다. 그러나 기내에서의 음주는 기압과 안전을 고려해 평소 주량의 1/3 정도만 드시는 것이 좋습니다.

❸ 기내의 서비스들!

이탈리아행 기내에서는 좌석의 팔걸이에 장치된 다이얼과

좌석 주머니의 이어폰을 사용하여 영화와 함께 스포츠 방송을 볼 수 있고, 팝송, 컨트리송, 가요, 클래식 등 장르별로 음악을 즐길 수도 있습니다. 영화나 방송의 내용 그리고 음향이나 채널의 안내는 앞에 비치된 안내책자를 참고하십시오. 그밖에 이탈리아의 신문, 잡지 및 트럼프, 바둑 등 오락기구도 구비되어 있어서 필요할 때 승무원에게 요구하시면 됩니다. 이들 오락기구는 대부분 승객들에게 서비스 되는 것들로 기념품으로 가져가도 됩니다. (헤드폰과 담요는 반납해야 함)

❹ 기내의 면세쇼핑!

기내에서는 양주, 담배, 향수, 시계, 화장품, 스카프, 완구 등의 기호품과 선물용품들이 면세된 가격으로 판매됩니다. 세계적으로 유명한 제품들이 선정되어 구비되어 있으며, 주문과 배달도 가능합니다. 쇼핑 품목 및 수량은 이탈리아의 반입 허용량을 고려하여 구입하도록 합니다. 보통 담배 200개비, 와인 2리터, 향수 1.5온스 정도가 면세 한도입니다.

✚ 기내화장실 상식!

기내 화장실은 남녀 공용입니다. 화장실의 현재 사용 상태는 벽면의 표시등으로 표시됩니다. 사용중이면 'Occupied', 비어 있을 때는 'Vacant'라는 표시등에 불이 켜집니다. 화장실로 들어 갈때는 문을 밀어서 열고, 나올 때는 잡아 당겨서 문을 엽니다. 화장실의 사용법은 일반 수세식변기 사용과 같으며, 사용한 휴지는 쓰레기통에 버려야 합니다. 이착륙시 또는 이상 기류로 기체가 흔들릴 때는 'Return to seat'(좌석으로 돌아가라)라는 표시등이 켜지게 됩니다. 이럴 땐 서둘러 자리로 돌아가도록 합니다. 화장실도 금연구역입니다. 반드시 지켜야 합니다.

❶ 기내 입구에서!

❶ 탑승권을 보여 주시겠습니까?

❷ 여기 있습니다.

❸ 손님 좌석은 30-B입니다.

❹ 고맙습니다.

❺ 실례합니다. 제 자리는 12-D입니다.

❻ 좌석 12-D는 어디입니까?

❼ 손님 좌석은 저쪽 통로 쪽입니다.

❽ 이 좌석이 어디입니까?

❾ 이쪽으로 오십시오.

❶ Posso avere la vostra carta d' imbarco?
뽀쏘 아베레 라 보스뜨라 까르따 딤바르꼬

❷ Eccola.
엑꼴라

❸ Il vostro posto e' il 30-B.
일 보스뜨로 뽀스또 에 일 뜨렌따-비

❹ Grazie.
그라찌에

❺ Mi scusi il mio posto e' il 12-D.
미 스꾸시 일 미오 뽀스또 에 일 도디치-디

❻ Dove e' il posto 12-D?
도베 에 일 뽀스또 도디치-디

❼ Il vostro posto e' da quella parte vicino al corridoio.
일 보스뜨로 뽀스또 에 다 꾸엘라 빠르떼 비치노
알 꼬리도이오

❽ Dove si trova questo posto?
도베 씨 드로봐 꾸에스또 뽀스또

❾ Da questa parte.
다 꾸에스따 빠르떼

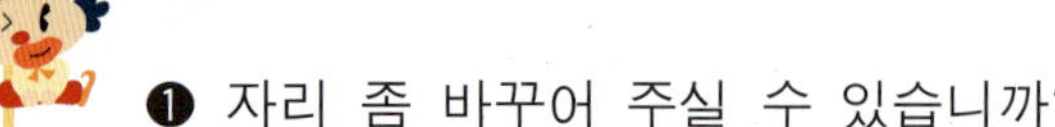

❶ 자리 좀 바꾸어 주실 수 있습니까?

❷ 네, 뒤쪽에 빈자리가 많이 있습니다.

❸ 통로쪽 자리였으면 좋겠습니다.

❹ 잠깐 지나가도 될까요?

❺ 이 자리에 앉아도 되겠습니까?

❻ 죄송합니다만, 여긴 제자리 같습니다.

❼ 좌석을 제 위치로 해 주십시오.

❽ 의자를 뒤로 젖혀도 되겠습니까?

❾ 이 비행기는 정시에 이륙합니까?

3

❶ Potete cambiarmi di posto?
뽀떼떼 깜비아르미 디 뽀스또

❷ Si', ci sono dei posti disponibili da quella parte.
씨 치 쏘노 데이 뽀스띠 디스뽀니빌리 다 꾸엘라 빠르떼

❸ Vorrei un posto vicino al corridoio.
보르레이 운 뽀스또 비치노 알 꼬리도이오

❹ Posso passare d' avanti?
뽀쏘 빳사레 다반띠

❺ Posso sedermi la' ?
뽀쏘 쎄데르미 라

❻ Mi scusi, credo che questo sia il mio posto.
미 스꾸시 끄레도 께 꾸에스또 씨아 일 미오 뽀스또

❼ Mettete il vostro sedile in posizione.
멛떼데 일 보스뜨로 쎄딜레 인 뽀싯찌오네

❽ Posso abbassare il sedile?
뽀쏘 아밧싸레 일 쎄딜레

❾ A che ora decolla questo aereo?
아 께 오라 데꼴라 꾸에스또 아에레오

❶ 닭고기 또는 쇠고기를 드시겠습니까?

❷ 쇠고기요리로 주세요.

❸ 차와 커피 중 어떤 것을 드릴까요?

❹ 커피로 주세요.

❺ 물을 좀 주세요.

❻ 오렌지 주스로 주십시오.

❼ 손님, 식사 다 하셨습니까?

❽ 네, 잘 먹었습니다.

❾ 고맙습니다.

3

❶ Desidera pollo o manzo?
데시데라 뽈로 오 만쪼

❷ Manzo, per favore.
만쪼 뻬르 화보레

❸ Desidera te' o caffe' ?
데시데라 떼 오 깟훼

❹ Del caffe' , per piacere.
델 깟훼 뻬르 비앗체레

❺ Vorrei un bicchiere d' acqua per favore.
보르레이 운 비끼에레 닷꾸아 뻬르 화보레

❻ Vorrei un succo d' arancia.
보르레이 운 숫꼬 다란치아

❼ Avete finito?
아베떼 휘니또

❽ Si' , era squisito.
씨 에라 스뀌지또

❾ Grazie.
그라찌에

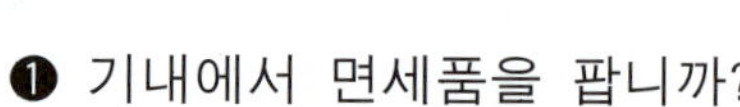

❶ 기내에서 면세품을 팝니까?

❷ 만년필 있습니까?

❸ 있습니다.

❹ 두 개에 얼마입니까?

❺ 여성용 화장품이 있습니까?

❻ 위스키 2병 주세요.

❼ 담배 있습니까?

❽ 한 보루 주세요.

❾ 한국돈으로 지불해도 됩니까?

3

❶ Posso acquistare dei prodotti 'Free-tax' sull' aereo?
뽀쏘 악뀌스따레 데이 쁘로돗띠 프리-텍스 술라에레오

❷ Avete delle stylo?
아베떼 델레 스띨로

❸ Si', ci sono.
씨 치 쏘노

❹ Due, quanto costano?
두에 꾸안또 꼬스따노

❺ Avete dei prodotti di bellezza?
아베떼 데이 쁘로돗띠 디 벨렛짜

❻ Mi dia due bottiglie di wisky.
미 디아 두에 봇띨리에 디 위스키

❼ Avete delle sigarette?
아베떼 델레 씨가렛떼

❽ Mi dia una stecca di sigarette.
미 디아 우나 스떽까 디 씨가렛떼

❾ Posso pagare in moneta coreana?
뽀쏘 빠가레 인 모네따 꼬레아나

❶ 펜 좀 써도 될까요?

❷ 그럼요. 여기 있습니다.

❸ 제 입국서 좀 봐주시겠습니까?

❹ 어떻게 기재하는지 가르쳐 주십시오.

❺ 여기에 무엇을 써야 됩니까?

❻ 입국신고서를 한 장 더 얻을 수 있을까요?

❼ 제가 좀 틀리게 썼습니다.

3

❶ Posso utilizzare la vostra stylo?
뽀쏘 우띨리짜레 라 보스뜨라 스띨로

❷ Certamente, eccola.
체르다멘떼 엑꼴라

❸ Potete verificare la mia carta d' arrivo?
뽀떼떼 베리휘까레 라 미아 까르따 다리보

❹ Spiegatemi come riempire questo documento.
스삐에가떼미 꼬메 리엠삐레 꾸에스또 도꾸멘또

❺ Cosa devo scrivere qui?
꼬사 데보 스끄리베레 뀌

❻ Posso avere un' altra carta d' arrivo?
뽀쏘 아베레 운알뜨라 까르따 다리보

❼ Ho fatto degli errori.
오 홧또 델리 에로리

❶ 여기에서 얼마나 체류하게 되나요?

❷ 약 1시간 정도입니다.

❸ 당신은 통과여객이십니까?

❹ 얼마나 기다려야 합니까?

❺ 대합실에 면세점이 있습니까?

❻ 저는 ~로 가는편으로 갈아타려 합니다.

❼ 제가 탈 항공편의 확인은 어디에서 합니까?

La sala d' attesa (라 쌀라 닷떼사) : 대합실

il visto (일 비스또) : 입국사증

la destinazione (라 데스띠낫찌오네) : 목적지

3

❶ **Quanto tempo avete intenzione di rimanere qui?**
꾸안또 뗌뽀 아베떼 인뗀찌오네 디 리마네레 뀌

❷ **All' incirca un' ora.**
알린치르까 운오라

❸ **Sono un passeggero in transito.**
쏘노 운 빳쎄제로 인 뜨란시또

❹ **Per quanto tempo dovro' attendere?**
뻬르 꾸안또 뗌뽀 도브로 앗뗀데레

❺ **Ci sono dei negozi 'Free-tax' nella sala d' attesa?**
치 쏘노 데이 네곳찌 프리-텍스 넬라 쌀라 닷떼사

❻ **Sono in transito per ~.**
쏘노 인 뜨란시또 뻬르

❼ **Dove posso verificare il mio volo?**
도베 뽀쏘 베리휘까레 일 미오 볼로

Il passeggero in transito
(일 빳세제로 인 뜨란시또) : 통과여객
il settore per la registrazione (일 셋또레
뻬르 라 레지스뜨랏찌오네) : 탑승수속대

➡ 기내용 단어표현

기장	Il capitano	일 까삐따노
승무원	l' equipaggio	레뀌빠지오
여승무원	l' hostess	로스떼스
객실	la cabina dei passeggeri	
		라 까비나 데이 빳쎄제리
화물실	il deposito	일 데뽀시또
화장실	I servizi igienici	
		이 쎄르빗찌 이지에니치
헤드폰	le cuffie	레 꿋휘에
구명동의	il giubbotto di salvataggio	
		일 지우봇또 디 쌀바땃지오
기내선반	la tavoletta	라 따볼렛따
독서등	la lampada d' ufficio	
		라 람빠다 둣휘치오
안전벨트	la cintura di sicurezza	
		라 친뚜라 디 씨꾸렛짜
금연	divieto di fumo	
		디비에또 디 후모

➡ 기내화장실 안내문구

3

| 비어있음 | **vuoto** | 부오또 |
| 사용중 | **occupato** | 옥꾸빠또 |

콘센트   **la presa elettrica**
라 쁘레사 엘레뜨리까

재떨이   **il portacenere** 일 뽀르따체네레

문을 잠그시오 **chiudere la porta**
끼우데레 라 뽀르따

버튼을 누르시오 **schiacciate il bottone**
스끼앗치아떼 일 봇또네

변기물을 내리시오 **tirare l' acqua** 띠라레 락꾸아

◗ 경유 / 환승 관련 단어표현

비행기   **l' aereoplano** 라에로쁠라노
대합실   **la sala d' attesa** 라 쌀라 닷떼사
입국사증   **il visto** 일 비스또
목적지   **la destinazione** 라 데스띠낫찌오네
시차   **lo spostamento orario**
로 스뽀스따멘또 오라리오
이륙   **il decollo** 일 데꼴로
착륙   **l' atterraggio** 랏떼랏지오
국제공항   **l' aeroporto inernazionale**
라에로뽀르또   인떼르낫찌오날레

통과여객	**Il passeggero in transito**
	일 빳쎄제로 인 뜨란시또
탑승수속대	**il comparto registrazione**
	일 꼼빠르또 레지스뜨랏찌오네
항공시간표	**Le ore di volo** 레 오레 디 볼로

✚ 이탈리아 입국 상식!

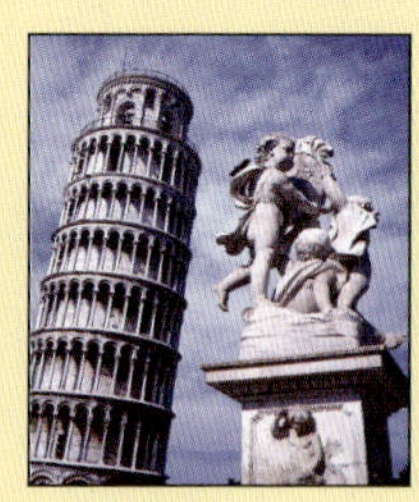

이탈리아에 입국할 때 3개월 이내의 관광의 경우 비자가 필요 없으므로 비교적 입국 심사 절차가 간단합니다. 비행기로 입국할 때에는 로마의 파우미치노 국제공항에서 입국 심사를 받게 되며, 기차의 경우에는 열차내에서 여권 검사만으로 입국 심사가 이루어집니다. 간혹 야간기차로 국경을 지날 때에는 승무원이 여권을 모아간 후에 승객이 자는 사이에 입국 심사를 하기도 하므로 목적지에서 내리기 전에 여권을 돌려받는 것을 잊지 않도록 주의합니다.

4. 목적지 도착!

❶ 입국절차 상식!

목적지의 공항에 도착해서 비행기에서 내리면 곧 입국절차를 밟게 됩니다. 입국절차는 출국과 반대의 순으로 진행됩니다. 즉 ⓐ 공항도착, ⓑ 'Arrival' 이라고 표시된 출구로 나갑니다, ⓒ 입국심사, ⓓ 수하물 찾기, ⓔ 세관검사, ⓕ 입국완료의 순으로 진행됩니다. 좀 더 세부적으로 소개하면 다음과 같습니다.

입국심사의 모든 것!

❷ 입국심사!

입국심사대(**Immigration**)로 가서 여행자가 심사원에게 여권과 입국 신고서를 제시하면 심사관리는 여권확인과 함께 스탬프를 찍고 입국카드 확인부분을 여권에 넣어 다시 돌려주게 됩니다. 이렇게 하면 입국심사는 완료됩니다. 보통 입국경위나 체재지, 체재기간 등을 우리나라 사람에게는 묻지 않아 심사절차가 간단하게 마무리 됩니다.

❸ 수하물 찾기!

입국심사를 마치면 '수하물 찾는곳'(**baggage claim area**)으로 갑니다. 찾을 짐이 많으면 짐수레(**cart**)를 준비해 탁송된 짐이 실려 나오는 콘베이어 앞에서 기다립니다. (비슷한 가방이 많기 때문에 이름을 반드시 확인할 것) 국제공항에는 수하물 찾는 곳이 여러 곳이므로, 본인이 이용했던 항공편 표시등 아래로 찾아가야만 착오가 없습니다. 수하물이 나오는 시간은 보통 30분 정도 걸리며, 착륙 비행기가 많을 경우에 1시간 넘게 걸리는 때도 있습니다. 자신의 짐이 발견되면 수하물 인환증(**claim tag**)의 번호와 짐 번호를 확인하도록 하며, 만약 짐이 나오지 않을 경우에는 항공사 직원에게 협조를 구하도록 합니다. 분실신고는 화물도착 후 4시간 이내에 해야 합니다.

❹ 세관통관 상식!

짐을 찾으면 마지막 통관문인 세관검사대(**Customs**)로 갑니다. 신고 순서가 되기 전에 모든 짐의 자물쇠를 풀어 세관원이 쉽게 볼 수 있게 하며, 신고할 물건이 없으면 녹색 검사대를 이용하고, 신고할 물건이 있을 경우에는 붉은색 검사대 쪽으로 갑니다. 기내에서 작성한 세관 신고서와 여권을 세관원에게 제시하면 이를 토대로 짐을 조사합니다. 주로 검색하는 품목은 과세 대상품입니다. 그러므로 과세 대상품에 속하는 귀금속, 사치품, 고급 카메라 등은 정확하게 신고해야 합니다. 만약, 과세대상을 신고하지 않으면 압류당하거나 무거운 벌금을 내게 됩니다. 이렇게 하면 이탈리아 입국을 위한 모든 심사과정이 끝이 납니다.

✚ 입국카드 작성법!

입국카드는 기내에서 미리 작성해 두도록 합니다. 입국카드의 작성법은 반드시 볼펜으로 기입하며, 영문 대문자로 씁니다. 기록내용은 ① **성과 이름**, ② **생년월일**, ③ **성별**, ④ **여권번호**, ⑤ **국적**, ⑥ **이탈리아비자번호**, ⑦ **동행 사람수**, ⑧ **항공기 편명**, ⑨ **직업(해당란에 표시)**, ⑩ **이탈리아 내 체류지**, ⑪ **서명** 등을 각각 기입하면 됩니다.

❶ 입국심사소는 어디입니까?

❷ 여권 좀 보여 주시겠습니까?

❸ 검역증명서를 보여주세요.

❹ 방문 목적은 무엇입니까?

❺ 여행 왔습니다.

❻ 사업차 왔습니다.

❼ 친척을 방문하러 왔습니다.

❽ 이탈리아 방문이 처음이십니까?

❾ 네, 이번이 처음입니다.

4

❶ Dove e' l' ufficio immigrazione?
도베 에 룻휘치오 임미그랏찌오네

❷ Posso vedere il vostro passaporto?
뽀쏘 베데레 일 보스뜨로 빳싸뽀르또

❸ Posso vedere il vostro certificato delle vaccinazioni?
뽀쏘 베데레 일 보스뜨로 체르띠휘까또 델레
밧치낫찌오니

❹ Qual' e' il motivo della vostra visita?
꾸알레 일 모띠보 델라 보스뜨라 뷔싯따

❺ Viaggio turistico.
뷔앗지오 뚜리스띠꼬

❻ E' un viaggio d' affari.
에 운 뷔앗지오 닷화리

❼ E' un viaggio per visitare la mia famiglia.
에 운 뷔앗지오 뻬르 뷔싯따레 라 미아 화밀리아

❽ E' la vostra prima visita in Italia?
에 라 보스뜨라 쁘리마 뷔싯따 인 이딸리아

❾ Si', e' la mia prima visita in Italia.
씨 에 라 미아 쁘리마 뷔싯따 인 이딸리아

❿ 며칠 동안 체류하십니까?

⓫ 30일입니다.

⓬ 2주일 정도입니다.

⓭ 어디에 가십니까?

⓮ 토리노입니다.

⓯ 토리노 어디에서 머무르실 겁니까?

⓰ 피에몬테 호텔에 머물 예정입니다.

⓱ 돌아갈 항공권을 갖고 계십니까?

⓲ 여기 있습니다.

4

❿ Quanti giorni avete in programma di soggiornare qui?

꾸안띠 지오르니 아베떼 인 쁘로그람마 디 쏘지오르나레 뀌

⓫ 30 giorni.

뜨렌따 지오르니

⓬ 2 settimane.

두에 셋띠마네

⓭ Dove andate?

도베 안다떼

⓮ Vado a Torino.

바도 아 또리노

⓯ Dove alloggiate a Torino?

도베 알로지아떼 아 또리노

⓰ Alloggero' all' Hotel 'Piemonte'.

알로제로 알로텔 삐에몬떼

⓱ Avete il biglietto di ritorno?

아베떼 일 빌리엣또 디 리또르노

⓲ Si', eccolo.

씨 엑꼴로

❶ 수하물 찾는 곳은 어디입니까?

❷ 수하물 찾는 곳은 저쪽입니다.

❸ 갈색가방이 제 것입니다.

❹ 나머지를 찾을 수가 없습니다.

❺ 실례합니다만,
제 가방을 찾을 수 없습니다.

❻ 제 짐을 찾을 수 있게 도와주세요.

❼ 그러죠. 제가 도와드리겠습니다.

4

❶ Dove posso ritirare i miei bagagli?
도베 뽀쏘 리띠라레 이 미에이 바갈리

❷ Potete recuperare i vostri bagagli da quella parte.
뽀떼떼 레꾸뻬라레 이 보스뜨리 바갈리 다
꾸엘라 빠르떼

❸ Quel bagaglio color scuro e' mio.
꾸엘 바갈리오 꼴로르 스꾸로 에 미오

❹ Non trovo gli altri bagagli.
논 뜨로보 리 알뜨리 바갈리

❺ Mi scusi, non riesco a trovare il mio bagaglio.
미 스꾸시 논 리에스꼬 아 뜨로바레 일 미오
바갈리오

❻ Mi aiuta a trovare il mio bagaglio?
미 아이우따 아 뜨로바레 일 미오 바갈리오

❼ D' accordo, l' aiuto.
닷꼬르도 라이우또

④ 세관심사!

❶ 신고하실 것이 있습니까?

❷ 없습니다.

❸ 친구에게 줄 시계가 있습니다.

❹ 위스키 두 병을 갖고 있습니다.

❺ 이것들은 모두 개인 소지품입니다.

❻ 이 카메라는 내가 사용하는 것입니다.

❼ 이 가방 좀 열어 주시겠습니까?

❽ 세관으로 가 주십시오.

4

❶ Avete qualcosa da dichiarare?
아베떼 꾸알꼬사 다 디끼아라레

❷ No.
노

❸ Ho comprato un orologio per un amico.
오 꼼쁘라또 운 오롤로지오 뻬르 운 아미꼬

❹ Ho due bottiglie di wisky.
오 두에 봇띨리에 디 위스키

❺ Tutte queste cose sono i miei effetti personali.
뚜떼 꾸에스떼 꼬세 쏘노 이 미에이 엣훼스띠
뻬르소날리

❻ Questa macchina fotografica e' per un mio utilizzo personale.
꾸에스따 막끼나 포또그라휘까 에 뻬르 운
미오 우띨릿쪼 뻬르소날레

❼ Potete aprire la vostra borsa, per favore?
뽀떼떼 압쁘리레 라 보스뜨라 보르싸 뻬르 화보레

❽ Passate alla dogana.
빳싸떼 알라 도가나

❶ 유스호스텔이 있습니까?

❷ 방을 예약하고 싶습니다.

❸ 근처에 다른 호텔이 있습니까?

❹ 5성급(특급) 호텔에 묵고 싶습니다.

❺ 호텔까지 어떻게 갑니까?

❻ 시내로 가는 버스가 있습니까?

❼ 버스 정류장은 어디 있습니까?

Il banco informazioni
(일 방꼬 인포르맛찌오니) : 안내소
un carrello (운 까렐로) : 카트

❶ C'e' un ostello?
체 운 오스뗄로

❷ Vorrei prenotare una camera.
보르레이 쁘레놋따레 우나 까메라

❸ C'e' un altro hotel qui vicino?
체 운 알뜨로 오뗄 뀌 비치노

❹ Vorrei soggiornare in un Hotel 5 stelle.
보르레이 쏘지오르나레 인 운 오뗄 친꿰 스뗄레

❺ Come posso raggiungere l'hotel?
꼬메 뽀쏘 라지운제레 로뗄

❻ C'e' un bus che va in citta'?
체 운 부스 께 봐 인 치따

❼ Dove e' la fermata dell'autobus?
도베 에 라 훼르마따 델라우또부스

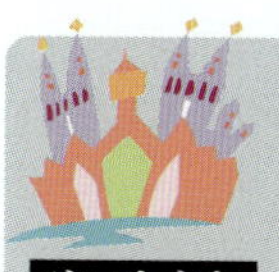

Il viaggiatore (일 비아지아또레) : 여행자

il turismo (일 뚜리스모) : 관광

gli affari (리 앗화리) : 사업

앗! 단어장!

➡ 입국 관련 단어표현

여행자	**Il viaggiatore**	일 비아지아또레
관광	**il turismo**	일 뚜리스모
사업	**gli affari**	리 앗화리
연수	**lo stage**	로 스따제
회의	**la conferenza**	라 꼰페렌짜
안내소	**il banco informazioni**	일 방꼬 인포르맛찌오니
카트	**l' orologio**	로롤로지오
개인용품	**gli effetti personali**	리 엣훼ㅅ띠 뻬르소날리
선물	**il regalo**	일 레갈로
반입금지품	**le merci vietate**	레 메르치 비에따떼
면세품	**gli articoli Free-tax**	리 아르띠꼴리 프리-텍스
관세	**la dogana**	라 도가나
세관직원	**il doganiere**	일 도가니에레

5. 호텔의 이용!

❶ 호텔의 예약!

요즘은 대부분 출발전 한국에서 호텔예약을 하거나 본인이 직접 인터넷으로 예약을 합니다. 때문에 호텔예약 확인증(바우쳐)을 받아서 가지고 나가면 숙소 문제는 미리 해결하고 갈 수 있습니다. 한국에서 호텔을 미리 예약할 경우, 현지 요금의 80~85% 정도로 저렴합니다. (대부분의 여행사나 인터넷 사이트를 이용하면 쉽게 찾을 수 있습니다.)

이탈리아 현지의 호텔을 정할 때 가장 중요한 사항은 교통이 편리한지, 식사가 제공되는지, 가격은 적당한지를 알아봐

야 합니다. 예약시에는 원하는 방의 종류, 도착일, 숙박일수, 항공편 등을 알려 주어야 하며, 현지에서 예약할 경우는 직접 전화를 하거나 관광 안내소에 예약을 부탁하면 됩니다.

❷ 이탈리아의 숙박 시설!

이탈리아는 관광 대국답게 숙박시설이 풍부하고 양호한 편입니다. 전국에 걸쳐 고급 호텔에서부터 저렴한 숙박시설에 이르기까지 다양하게 분포되어 있어서 평상시에는 예약을 하지 않아도 되지만 관광 성수기에 대도시를 방문할 시에는 미리 예약을 하는 것이 좋습니다. 숙박시설의 종류로는 알베르고라고 불리는 호텔을 비롯해서 펜지오니, 오스텔로, 로칸다(모텔) 등이 있습니다.

알베르고 : 호텔로서 등급은 디럭스급인 L부터 1~4까지의 5등급으로 되어 있습니다. 싱글과 더블의 가격차가 크지 않으므로 여러명이서 이용할수록 더 유리합니다.

펜지오니 : 1~3등급으로 구분이 되며 대부분 가족 위주로 경영을 하여 가정적인 분위기를 느낄 수 있습니다.

오스텔로 : 유스호스텔로서 전국에 걸쳐 50여 개가 있습니다. 오스텔로는 비교적 요금이 저렴하고 배낭족들끼리 정보를 공유할 수 있다는 잇점이 있습니다. 오스텔로에 대한 정보는 AIG에서 얻을 수 있습니다.

캠핑장 : 주요 도시나 근교에 위치하고 있으며 샤워장 등의 편의시설을 잘 갖춘 곳도 있습니다. 캠핑장에 대한 정보는 관광 안내소에서 얻을 수 있습니다.

관광농원 : 시골 농장을 숙박시설로 개조한 곳으로 중북부의 농업지대인 토스카나, 움브리아 등에 많이 있습니다. 관광농원에서 숙박할 경우 지역 농산물을 저렴하게 구입할 수 있으며 그들의 실생활을 가까이서 접할 수가 있습니다.

❸ 체크인!

체크인(**check in** : 숙박절차)은 프론트 데스크에서 합니다. 예약이 되어 있을 경우는 이름을 말하시고 예약확인서(바우처)를 제시하면 직원은 예약리스트 또는 예약카드를 조회한 후, 숙박신고서 기재를 요구할 것입니다. 숙박신고서에는 여권번호, 비자번호, 성명 등을 기입하도록 되어 있습니다. 체크인은 정오가 지나면 언제나 가능합니다.

❹ 체크아웃!

호텔의 숙박료는 하루, 즉 24시간 단위로 받습니다. 통상 정오에서 다음날 정오까지를 일박으로 계산하며, 이때가 이른바 체크아웃 타임(**check-out time**)입니다. 그 이상 호텔에 머물게 되면 숙박요금을 더 물게 됩니다. 요금을 지불하는 방식으로는 ⓐ 크레디트 카드와, ⓑ 현금으로 지불하는 방법 두 가지가 있습니다. 호텔계산서에는 숙박한 일수, 룸서비스를 이용해 드신 것의 요금, 식사대(호텔의 레스토랑 또는 바에서 사인한 청구서 등), 호텔에서 외부에 건 전화요금, 세탁료, 객실 냉장고에서 꺼내 마신 음료수 값 등이 계산됩니다.

✚ 이탈리아 화장실 이용 상식!

이탈리아를 여행시에 공중화장실의 부족으로 급한 상황에서 난감할 때가 있습니다. 이런 경우에는 bar라고 쓰여진 카페에서 간단한 음료수 한 잔을 주문한 후 bar의 화장실을 이용하도록 합니다.

❶ 제 짐을 방까지 날라다 주세요.

❷ 예약했습니다.

❸ 제 이름은 이민수입니다.

❹ 서울에서 예약을 했습니다.

❺ 숙박부를 기재해 주십시오.

❻ 현금으로 지불하시겠습니까?

❼ 비자카드를 사용하겠습니다.

❽ 현금으로 하겠습니다.

❾ 짐이 더 있으십니까?

5

❶ Mi porti i bagagli nella mia camera.
미 뽀르띠 이 바갈리 넬라 미아 까메라

❷ Ho fatto la prenotazione.
오 홧또 라 쁘레놋따찌오네

❸ Il mio nome e' Min-su Lee.
일 미오 노메 에 민수 리

❹ Ho fatto la prenotazioe a Seoul.
오 홧또 라 쁘레놋따찌오네 아 쎄울

❺ Riempite il registro di soggiorno.
리엠삐떼 일 레지스뜨로 디 쏘지오르노

❻ Pagate in contanti?
빠가떼 인 꼰딴띠

❼ Paghero' con carta Visa.
빠게로 꼰 까르따 뷔사

❽ Paghero' in contanti.
빠게로 인 꼰딴띠

❾ Avete altri bagagli?
아베떼 알뜨리 바갈리

❷ 체크인 (미예약)

❶ 빈방이 있습니까?

❷ 예약은 못 했습니다.

❸ 1박에 얼마입니까?

❹ 요금은 아침식사 포함입니까?

❺ 싱글룸을 부탁합니다.

❻ 오늘밤부터 3일간 머물겠습니다.

❼ 샤워실이 있는 방을 원합니다.

❽ 체크아웃 시간은 몇 시입니까?

❾ 좀더 싼방은 없습니까?

❶ Avete una camera disponibile?
아베떼 우나 까메라 디스뽀니빌레

❷ Non ho fatto la prenotazione.
논 오 홧또 라 쁘레놋따찌오네

❸ Quanto costa per notte?
꾸안또 꼬스따 뻬르 놋떼

❹ E' compresa la colazione?
에 꼼쁘레사 라 꼴랏찌오네

❺ Vorrei una camera singola.
보르레이 우나 까메라 씽골라

❻ Vorrei restare tre notti a partire da questa sera.
보르레이 레스따레 뜨레 놋띠 아 빠르띠레 다 꾸에스따 쎄라

❼ Vorrei una camera con doccia.
보르레이 우나 까메라 꼰 돗치아

❽ A che ora bisogna lasciare la stanza?
아 께 오라 비소뇨 라쉬아레 라 스딴짜

❾ Avete una camera meno cara?
아베떼 우나 까메라 메노 까라

❶ 에어컨(냉난방)은 어떻게 조절합니까?

❷ 방을 바꾸고 싶습니다.

❸ 아침식사 룸서비스가 됩니까?

❹ 비상구는 어디에 있습니까?

❺ 더운 물이 나오지 않습니다.

❻ 화장실 물이 안 나옵니다.

❼ 텔레비전이 켜지지 않습니다.

Il bagno (일 바뇨) : 욕실
la vasca da bagno (라 봐스까 다 바뇨)
: 욕조
la doccia (라 돗치아) : 샤워

5

❶ Come posso regolare la climatizzazione?
꼬메 뽀쏘 레골라레 라 끌리마띠짜찌오네

❷ Vorrei cambiare la camera.
보르레이 깜비아레 라 까메라

❸ Potete servirmi la colazione nella mia camera.
뽀떼떼 쎄르비르미 라 꼴라찌오네 넬라 미아 까메라

❹ Dove si trova l' uscita di sicurezza?
도베 씨 뜨로봐 루쉬따 디 씨꾸렛짜

❺ Non c' e' l' acqua calda.
논 체 락꾸아 깔다

❻ Lo sciacquone non funziona.
로 쉬악꾸오네 논 푼찌오나

❼ La televisione non si accende.
라 뗄레뷔지오네 논 씨 앗첸데

i servizi igienici (이 쎄르빗찌 이지에니치)
: 화장실
la carta igienica (라 까르따 이지에니까)
: 휴지

앗! 단어장!

④ 룸서비스의 이용!

❶ 룸서비스는 어떻게 부릅니까?

❷ 룸서비스 부탁합니다.

❸ 방 번호를 가르쳐 주십시오.

❹ 여긴 305호실입니다.

❺ 7시 30분에 모닝콜 좀 부탁드릴게요.

❻ 주문한 아침식사가 아직도 오지 않았습니다.

❼ 시원한 음료수 한 잔 주세요.

❽ 얼음과 생수를 좀 가져다 주십시오.

❾ 커피 한잔 주세요.

5

❶ Come posso chiamare il servizio in camera?
꼬메 뽀쏘 끼아마레 일 쎄르뷔찌오 인 까메라

❷ Il servizio in camera per favore.
일 쎄르뷔지오 인 까메라 뻬르 화보레

❸ Il numero della vostra camera per favore.
일 누메로 델라 보스뜨라 까메라 뻬르 화보레

❹ Qui e' la camera numero 305.
뀌 에 라 까메라 누메로 뜨레 첸또 친꿰

❺ Potete svegliarmi alle 7 e 30?
뽀떼떼 스벨리아르미 알레 쎄떼 에 뜨렌따

❻ La colazione non e' ancora arrivata.
라 꼴랏찌오네 논 에 앙꼬라 아리봐따

❼ Vorrei una bevanda fresca.
보르레이 우나 베봔다 프레스까

❽ Vorrei un bicchiere d' acqua con ghiaccio.
보르레이 운 비끼에레 닥꾸아 꼰 기앗치오

❾ Vorrei un caffe' .
보르레이 운 깟훼

❶ 방을 바꾸고 싶습니다.

❷ 이 방은 너무 시끄럽습니다.

❸ 귀중품을 맡아 주시겠습니까?

❹ 이 짐을 좀 보관해 주시겠습니까?

❺ 315호실에 숙박하고 있습니다.

❻ 맡긴 짐을 찾고 싶습니다.

❼ 제게 온 편지는 없습니까?

❽ 식당은 몇 시부터입니까?

❾ 하루 더 묵고 싶습니다.

5. 호텔의 이용!

5

❶ Vorrei cambiare camera.
보르레이 깜비아레 까메라

❷ Questa camera e' troppo rumorosa.
꾸에스따 까메라 에 뜨롭뽀 루모로사

❸ Posso consegnare gli oggetti di valore?
뽀쏘 꼰쎄냐레 리 오젯띠 디 봐르로레

❹ Potete guardarmi questi bagagli?
뽀떼떼 구아르다르미 꿰스띠 바갈리

❺ Sono nella camera 315.
쏘노 넬라 까메라 뜨레 우노 친꿰

❻ Vorrei ritirare i miei bagagli.
보르레이 리띠라레 이 미에이 바갈리

❼ C' e' una lettera per me?
체 우나 렛떼라 뻬르 메

❽ A che ora apre il ristorante?
아 께 오라 압쁘레 일 리스또란떼

❾ Vorrei rimanere un giorno in piu'.
보르레이 리마네레 운 지오르노 인 삐우

❶ 식당은 어디에 있습니까?

❷ 무엇을 주문하시겠습니까?

❸ 아침은 이탈리아식으로 주십시오.

❹ 계란 후라이와 베이컨을 주세요.

❺ 호텔 안에 아시아식당이 있습니까?

❻ 물 좀 주시겠습니까?

❼ 카페인 없는 커피 있습니까?

❽ 계산서를 주시겠습니까?

❾ 이 요금을 숙박비에 포함시켜 주시겠습니까?

5

❶ Dove e' il ristorante?
도베 에 일 리스또란떼

❷ Cosa desidera?
꼬사 데지데라

❸ Vorrei la colazione all' italiana.
보르레이 라 꼴랏지오네 알리딸리아나

❹ Vorrei delle uova e della pancetta.
보르레이 델레 우오바 에 델라 빤쳇따

❺ C' e' un ristorante asiatico in questo hotel?
체 운 리스또란떼 아시아띠꼬 인 꾸에스또 오뗄

❻ Mi dia un bicchiere d' acqua per favore.
미 디아 운 비끼에레 닥꾸아 뻬르 화보레

❼ Avete un decaffeinato?
아베떼 운 데까페이나또

❽ Il conto per favore.
일 꼰또 뻬르 화보레

❾ Potete aggiungerlo nel conto?
뽀떼떼 아지운제를로 넬 꼰또

❶ 내일 아침 일찍 체크아웃하겠습니다.

❷ 계산서를 부탁합니다.

❸ 제 짐을 로비까지 내려주세요.

❹ 지금 체크아웃 하겠습니다.

❺ 모두 얼마입니까?

❻ 527호의 김진수입니다.

❼ 여행자수표 받습니까?

❽ 제 짐은 내려왔습니까?

❾ 잘 지냈습니다.

❶ Preparero' il conto domani mattina.
쁘레빠레로 일 꼰또 도마니 맛띠나

❷ Preparatemi il conto, per favore.
쁘레빠라떼미 일 꼰또 뻬르 화보레

❸ Per favore, portate i miei bagagli nella hall.
뻬르 화보레 뽀르따떼 이 미에이 바갈리 넬라 홀

❹ Preparero' il conto immediatamente.
쁘레빠레로 일 꼰또 임메디아따멘떼

❺ Quanto e' in totale?
꾸안또 에 인 또딸레

❻ Sono jin-su Kim, camera numero 527.
쏘노 진수 킴 까메라 누메로 친꿰 두에 셋떼

❼ Accettate i travel cheques?
앗쳇따떼 이 트레블 첵스

❽ I miei bagagli sono arrivati?
이 미에이 바갈리 쏘노 아리봐띠

❾ Ho trascorso un buon soggiorno qui.
오 뜨라스꼬르소 운 부온 쏘지오르노 뀌

8 유스호스텔의 이용!

❶ 유스호스텔에 어떻게 갑니까?

❷ 3일간 머무르고 싶습니다.

❸ 취사를 할 수 있습니까?

❹ 오늘밤 묵을 수 있습니까?

❺ 지금 곧 방에 들어갈 수 있습니까?

❻ 방값은 얼마입니까?

❼ 아침식사는 얼마입니까?

❽ 시트를 주시겠습니까?

❾ 짐을 이곳에 놓아도 됩니까?

5

❶ Come posso andare all' ostello della gioventu' ?
꼬메 뽀쏘 안다레 알로스뗄로 델라 지오벤뚜

❷ Vorrei rimanere qui tre notti.
보르레이 리마네레 뀌 뜨래 놋띠

❸ Posso cucinare qui?
뽀쏘 꾸치나레 뀌

❹ Avete una camera libera per questa sera?
아베떼 우나 까메라 리베라 뻬르 꾸에스따 쎄라

❺ Posso entrare subito nella mia camera?
뽀쏘 엔뜨라레 수비또 넬라 미아 까메라

❻ Qual' e' il prezzo della camera?
꾸알레 일 쁘렛쪼 델라 까메라

❼ Qual' e' il prezzo della colazione?
꾸알레 일 쁘렛쪼 델라 꼴랏찌오네

❽ Posso avere un lenzuolo, per favore?
뽀쏘 아베레 운 렌쭈올로 뻬르 화보레

❾ Posso lasciare il mio bagaglio qui?
뽀쏘 라쉬아레 일 미오 바갈리오 뀌

호텔 관련 단어들!

● 호텔 관련 단어표현

호텔	**L' hotel**	로뗄
프론트데스크	**la reception**	라 레셉션
지배인	**il direttore**	일 디렛또레
회계원	**il cassiere**	일 까씨에레
손님	**il cliente**	일 끌리엔떼
관광지	**il luogo turistico**	일 루오고 뚜리스띠꼬
숙박카트	**il registro dell' hotel**	일 레지스드로 델로뗄
싱글룸	**la camera singola**	라 까메라 씽골라
트윈룸	**la camera doppia**	라 까메라 돕삐아
냉난방기	**la climatizzazione**	라 끌리맛띠짯찌오네
계산서	**il conto**	일 꼰또
영수증	**la ricevuta**	라 리체부따
귀중품	**gli oggetti di valore**	리 오젯띠 디 봐르로레
조용한 방	**la camera per il riposo**	라 까메라 뻬르 일 리뽀소
전망 좋은 방	**la camera con vista**	라 까메라 꼰 뷔스따

5

욕실	**il bagno**	일 바뇨
욕조	**la vasca**	라 봐스까
샤워	**la doccia**	라 돗치아
목욕타올	**la salvietta**	라 쌀뷔엣따
수건	**la salvietta**	라 쌀뷔엣따
화장실	**i servizi igienici**	이 쎄르빗찌 이지에니치
휴지	**la carta igienica**	라 까르따 이지에니까
비상구	**l' uscita di sicurezza**	루쉬따 디 씨꾸렛짜
복도	**il corridoio**	일 꼬리도이오
1층	**piano terra**	삐아노 떼라
2층	**primo piano**	쁘리모 삐아노
엘리베이터	**l' ascensore**	라쉔소레
층계	**la scala**	라 스깔라
로비	**la hall**	라 홀
식당	**il ristorante**	일 리스또란떼
커피숍	**la caffetteria**	라 까펫떼리아

✚ 이탈리아의 공휴일!

신년 : 1월 1일
주현절 : 1월 6일
종전 기념일 : 4월 25일
메이데이 : 5월 1일
건국 기념일 : 5월 11일
성모 승천일 : 8월 15일
성인들의 축일 : 11월 1일
성모 수태일 : 12월 8일
크리스마스 : 12월 25일
성스테파노의 날 : 12월 26일

✚ 주요 전화번호 안내!

경찰 : 113
화재 : 44444
구급차 : 5510
긴급전화 : 197 + 전화번호
대한민국 대사관(로마) : 06-8088820
이탈리아 한인회(로마) : 06-86802092
대한항공(로마) : 06-65953450

6. 식당과 요리!

❶ 이탈리아 요리!

피자나 파스타, 아이스크림 등은 이탈리아의 대표적인 음식
들입니다. 이탈리아 요리는 풍성하면서도 소박하고 격식에
얽매이지 않고 자유롭게 즐길 수 있다는 점에서 세계적으로
많은 사람들에게 사랑을 받고 있는 것 같습니다. 이탈리아는
남북으로 긴 나라인만큼 음식에서도 남부와 북부의 지역차가
있는데 북부는 쌀과 버터를, 남부는 파스타와 올리브유를 이
용한 음식들이 많습니다.

이곳 사람들은 아침과 저녁은 비교적 간단하게 먹고 점심식
사를 풀코스 정식으로 즐기는데 보통 식당의 점심시간은
12:30~15:00까지입니다. 이탈리아에서 식당과 카페, 바 등을
이용할 때 주의할 점으로는 이곳에서는 자리에 앉아서 음식

을 먹으면 음식값이 서서 먹을 때보다 2~3배정도 비싸진다는 점입니다. 일종의 자릿세인 것입니다. 다음은 이탈리아 레스토랑의 종류입니다.

리스토란테 : 고급 레스토랑으로 주로 풀코스 요리를 즐길 수 있습니다.

트라토리아, 로스티체리아 : 일반 가정 요리를 먹을 수 있는 대중 음식점입니다.

오스테리아 : 간단한 음식을 먹을 수 있는 바입니다.

타볼라 칼다 : 파스타와 고기, 야채 요리 등을 저렴하게 즐길 수 있는 셀프 서비스 음식점입니다.

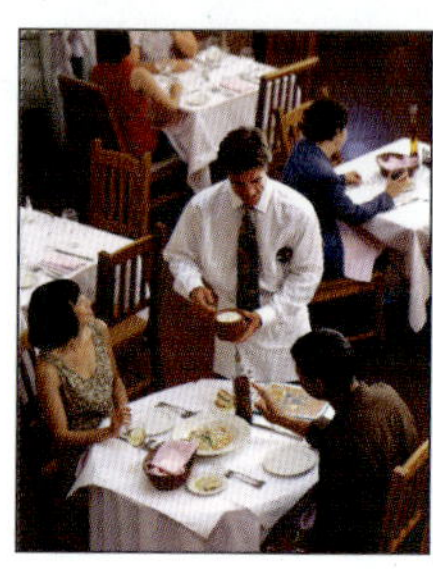

피체리아 : 피자 전문점으로 밤에만 영업하는 곳이 많습니다.

바르 : 커피숍으로서 이곳에서 간단하게 아침을 해결할 수 있습니다.

젤라테리아 : 아이스크림 전문점입니다.

❷ 대표적인 먹거리!

파스타 : 파스타는 밀가루를 사용하여 만든 모든 이탈리아 음식의 총칭으로서 우리가 즐겨먹는 스파게티도 파스타의 일종입니다. 파스타는 모양에 따라 이름이 다른데 그 종류로는 스파게티, 카펠리니, 페델리니, 페투칠레, 링귀니 등이 있습니다.

피자 : 파스타와 더불어 이탈리아의 대표적인 음식인 피자는 이탈리아 남부 지방 음식입니다. 우리가 즐겨먹는 피자는 미국식으로 도우가 두껍고 토핑이 풍부한 반면에, 이탈리아식 피자는 도우가 얇고 바삭하며 토핑보다는 바삭하게 구워진 도우에 덮인 모짜렐라 치즈의 고소한 맛이 특징입니다.

6

아이스크림 : 이탈리아에서는 아이스크림을 직접 만들어서 판매하는 곳이 많이 있는데 아이스크림이 처음으로 만들어진 나라인만큼 그 맛도 일품입니다. 이탈리아어로 아이스크림은 젤라토로서 젤라테리아라는 아이스크림 전문점에서 판매합니다.

포도주 : 이탈리아 사람들도 이웃한 유럽국가들처럼 포도주를 많이 마시는데, 남북의 기후차이로 인해서 각각의 지방마다 고유의 포도주를 생산하고 있습니다. 포도주는 품질에 따라 최고급품인 DOCG, 고급품인 DOC, 그리고 VDTIGT로 나뉘어지며 원료에 따라 레드와인, 화이트와인, 로제와인, 스파클링와인, 강화와인으로 나뉘어집니다.

올리브유 : 동맥경화나 심장병등을 예방하는 것으로 알려져 우리나라 사람들도 많이 먹고 있는 올리브유는 이탈리아의 대표적인 식용유로서 샐러드용으로, 또는 음식의 조리시에 다양하게 사용되고 있습니다.

✚ 이탈리아식 코스요리

아페리티보(Aperitivo) : 식사를 하기 전에 입맛을 돋우기 위해서 마시는 술.
비노(Vino) : 요리에 맞추어 선택하는 와인.
안티파스토(Antipasto) : 전채요리로서 주로 샐러드나 어패류등.
프리모 피아토(Primo Piatto) : 고기나 해산물, 야채 등으로 만들어진 파스타와 리조트.
세콘도 피아토(Secondo Piatto) : 메인 요리로서 육류나 생선 요리.
돌치(Dolci) : 디저트로서 과일이나 과자 등.
카페(Caffe) : 식사 후에 마시는 커피류.

① 식당을 찾을 때!

❶ 그다지 비싸지 않은 음식점이 좋습니다.

❷ 근처에 유명한 레스토랑이 있습니까?

❸ 이 지방의 명물 요리는 무엇입니까?

❹ 나는 이탈리아 요리를 맛보고 싶습니다.

❺ 이 근처에 중국요리점은 어디입니까?

❻ 영어가 통하는 레스토랑이 좋습니다.

❼ 한국 음식점으로 갈까요?

❽ 메뉴를 보여 주십시오.

❾ 한국어 메뉴가 있습니까?

❶ **Vorrei andare in un ristorante non troppo caro.**
보르레이 안다레 인 운 리스또란떼 논 뜨롭뽀 까로

❷ **C' e' un ristorante famoso qui vicino.**
체 운 리스또란떼 화모소 뀌 뷔치노

❸ **Qual' e' la specialita' della casa?**
꾸알레 라 스뻬치알리따 델라 까사

❹ **Vorrei provare la cucina italiana.**
보르레이 쁘로봐레 라 꾸치나 이딸리아나

❺ **Dove si trova il ristorante cinese?**
도베 씨 드로봐 일 리스또란떼 치네세

❻ **Preferisco un ristorante dove si parla inglese.**
쁘레페리스꼬 운 리스또란떼 도베 씨 빠를라 잉글레세

❼ **Andiamo in un ristorante coreano?**
안디아모 인 운 리스또란떼 꼬레아노

❽ **Posso vedere il menu?**
뽀쏘 베데레 일 메누

❾ **Posso vedere il menu tradotto in coreano?**
뽀쏘 베데레 일 메누 뜨라돗또 인 꼬레아노

❶ 예약이 필요합니까?

❷ 네, 성함을 말씀해 주세요.

❸ 제 이름은 이진수입니다.

❹ 몇 분이십니까?

❺ 모두 여섯 명입니다.

❻ 7시에 가겠습니다.

❼ 영업은 몇 시까지입니까?

Il ristorante (일 리스또란떼) : 식당

l' ordine (로르디네) : 주문

il pasto (일 빠스또) : 식사

앗! 단어장!

❶ E' necessaria la prenotazione?
에 넷체싸리아 라 쁘레놋땃찌오네

❷ Si', qual' e' il vostro nome?
씨 꾸알레 일 보스뜨로 노메

❸ Mi chiamo Jin-su Lee.
미 끼아모 진수 리

❹ Quante persone siete?
꾸안떼 뻬르소네 씨에떼

❺ Siamo in sei.
씨아모 인 쎄이

❻ Arriviamo alle sette.
아리뷔아모 알레 셋떼

❼ Fino a che ora siete aperti?
휘노 아 께 오라 씨에떼 아뻬르띠

La colazione (라 골랏찌오네)
: 아침식사
il pranzo (일 쁘란쪼) : 점심식사
la cena (라 체나) : 저녁식사

❸ 식당 미예약시!

❶ 안녕하십니까? 몇 분이시죠?

❷ 세 명입니다.

❸ 잠시 여기서 기다려 주십시오.

❹ 기다리겠습니다.

❺ 얼마나 기다려야 합니까?

❻ 테이블이 마련되어 있습니다.

❼ 이쪽으로 오십시오.

6

❶ Buongiorno, in quanti siete?
부온지오르노 인 꾸안띠 씨에떼

❷ Siamo in tre.
씨아모 인 뜨레

❸ Potete attendere qualche minuto qui?
뽀떼떼 앗뗀데레 꾸알께 미누또 뀌

❹ Si', aspettero'.
씨 아스뺏떼로

❺ Quanto tempo dovro' attendere?
꾸안또 뗌뽀 도브로 앗뗀데레

❻ Prepareremo un tavolo da quella parte.
쁘레빠레레모 운 따볼로 다 꾸엘라 빠르떼

❼ Venite da questa parte.
붸니떼 다 구에스따 빠르떼

❶ 우선 메뉴를 좀 보겠습니다.

❷ 이것을 먹겠습니다.

❸ 이곳에 잘하는 음식을 소개해 주시겠어요?

❹ 오늘의 특별요리는 무엇입니까?

❺ 주요리로는 어떤 것이 있습니까?

❻ 저것과 같은 것을 주십시오.

❼ 스테이크를 어떻게 익혀드릴까요?

❽ 적당히 익혀주세요.

❾ 살짝 구워 주세요.

❶ Posso vedere il menu?
뽀쏘 붸데레 일 메누

❷ Mi porti questo per favore.
미 뽀르띠 꾸에스또 뻬르 화보레

❸ Ci puo' indicare la vostra specialita' ?
치 뿌오 인디까레 라 보스뜨라 스뻬치알리따

❹ Qual' e' il piatto del giorno?
꾸알레 일 삐앗또 델 지오르노

❺ Cosa avete per primo piatto?
꼬사 아붸떼 뻬르 쁘리모 삐앗또

❻ Mi porti la stessa cosa.
미 뽀르띠 라 스뗏싸 꼬사

❼ Come la volete cotta?
꼬메 라 볼레떼 꽃따

❽ Cotta al punto giusto.
꽃따 알 뿐또 지우스또

❾ Al sangue.
알 쌍구에

❶ 주문한 요리가 아직 안나왔습니다.

❷ 이것은 내가 주문한 것이 아닙니다.

❸ 이 요리는 어떻게 먹어야 합니까?

❹ 스푼을 떨어뜨렸습니다.

❺ 소금 좀 가져다 주세요.

❻ 생수 좀 주시겠어요?

❼ 빵을 조금 더 주세요.

Il cameriere (일 까메리에레) : 웨이터
la cameriera (라 까메리에라) : 웨이트레스
Il tovogliolo (일 또보리올로) : 냅킨

6

❶ Non sono ancora stato servito.
논 쏘노 앙꼬라 스따또 쎄르빗또

❷ Non e' cio' che ho ordinato.
논 에 치오 께 오 오르디나또

❸ Come devo mangiare questo cibo?
꼬메 데보 만지아레 꾸에스또 치보

❹ Mi e' caduto il cucchiaio.
미 에 까두또 일 꾹끼아이오

❺ Vorrei del sale per favore.
보르레이 델 쌀레 뻬르 화보레

❻ Posso avere dell' acqua?
뽀쏘 아붸레 델락꾸아

❼ Ancora un po' di pane, per favore.
앙꼬라 운 뽀 디 빠네 뻬르 화보레

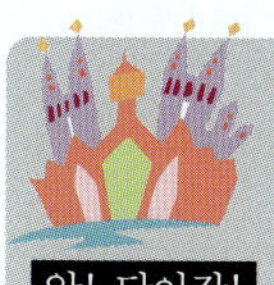

Il coltello (일 꼴뗄로) : 나이프(칼)
la forchetta (라 포르껫따) : 포크
il cucchiaio (일 꾹끼아이오) : 숟가락

앗! 단어장!

❶ 빅맥 햄버거와 콜라 한 병 주세요.

❷ 햄샌드위치 하나와 파인애플 주스 한 병 주세요.

❸ 음료는 무엇으로 하시겠습니까?

❹ 콜라로 주세요.

❺ 아이스크림 하나 주세요.

❻ 커피로 하겠어요.

❼ 더 주문하실 것은 없으십니까?

❽ 여기서 드실건가요, 가지고 가실건가요?

❾ 여기서 먹을 거예요.

❶ **Vorrei un Big Mac con Coca cola.**
보르레이 운 빅 맥 꼰 꼬까 꼴라

❷ **Vorrei un panino al prosciutto con succo d'arancia.**
보르레이 운 빠니노 알 쁘로쉬웃또 꼰 쑥꼬 다란치아

❸ **Cosa desiderate da bere?**
꼬사 데지데라떼 다 베레

❹ **Una Coca Cola per favore.**
우나 꼬까 꼴라 뻬르 화보레

❺ **Un gelato per favore.**
운 젤라또 뻬르 화보레

❻ **Prendo un caffe'.**
쁘렌도 운 깟훼

❼ **Non avete altro da ordinare?**
논 아붸떼 알뜨로 다 오르디나레

❽ **Mangiate qui o portate via?**
만지아떼 뀌 오 뽀르따떼 뷔아

❾ **Mangiamo qui.**
만지아모 뀌

7 식사비의 계산!

❶ 계산서 부탁합니다.

❷ 봉사료까지 포함되어 있습니까?

❸ 카드로 계산해도 됩니까?

❹ 달러로 계산해도 됩니까?

❺ 제가 보기에 계산서가 잘못된 것 같습니다.

❻ 맛있었습니다.

Il conto (일 꼰또) : 계산서
la mancia (라 만치아) : 서비스요금

앗! 단어장!

❶ Il conto per favore.
일 꼰또 뻬르 화보레

❷ Il servizio e' compreso nel conto?
일 쎄르빗찌오 에 꼼쁘레소 넬 꼰또

❸ Accettate la carta di credito?
앗쳇따떼 라 까르다 디 끄레디또

❹ Posso pagare con dollari?
뽀쏘 빠가레 꼰 돌라리

❺ Penso ci sia un errore nel conto.
뺀쏘 치 씨아 운 에로레 넬 꼰또

❻ E' molto buono.
에 몰또 부오노

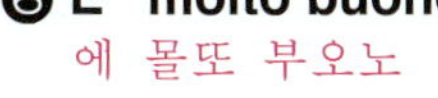

la cucina occidentale
(라 꾸치나 옷치덴딸레) : 양식
la cucina cinese (라 꾸치나 치네세)
: 중국음식

앗! 단어장!

❶ 무슨 술을 드시겠습니까?

❷ 와인은 무엇이 있습니까?

❸ 백포도주 주세요.

❹ 순한 술도 있습니까?

❺ 이 지방의 특산주를 먹겠습니다.

❻ 맥주 주세요.

❼ 실례지만, 어떤 맥주가 있죠?

❽ 한 잔 더 주세요.

❾ 선물하기에 좋은 술은 무엇입니까?

❶ **Cosa desidera come bevanda alcolica?**
꼬사 데지데라 꼬메 베반다 알꼴리까

❷ **Cosa avete come vino?**
꼬사 아뵈떼 꼬메 뷔노

❸ **Vorrei del vino bianco.**
보르레이 델 뷔노 비앙꼬

❹ **Vorrei una bevanda poco alcolica.**
보르레이 우나 베반다 뽀꼬 알꼴리까

❺ **Vorrei degustare il vino del paese.**
보르레이 데구스따레 일 뷔노 델 빠에세

❻ **Una birra per favore.**
우나 비라 뻬르 화보레

❼ **Cosa avete come birra?**
꼬사 아뵈떼 꼬메 비라

❽ **Un altro bicchiere per favore.**
운 알뜨로 빅끼에레 뻬르 화보레

❾ **Mi aiuta a scegliere un vino, e' per un regalo.**
미 아이우따 아 쉘리에레 운 뷔노 에 뻬르 운 레갈로

➡ 식당 관련 단어표현

식당	Il ristorante	일 리스또란떼
식사	il pasto	일 빠스또
주문	l' ordinazione	로르디낫찌오네
메뉴판	il menu	일 메누

아침식사	la colazione	라 꼴랏찌오네
점심식사	il pranzo	일 쁘란쪼
저녁식사	la cena	라 체나

양식	la cucina occidentale	라 꾸치나 옷치덴딸레
중식	la cucina cinese	라 꾸치나 치네세
전채요리	l' ora d' apertura	로라 다뻬르뚜라
샐러드	l' insalata	린쌀라따
수프	la zuppa	라 줍빠
밥	il riso	일 리조
빵	il pane	일 빠네

| 계산서 | il conto | 일 꼰또 |
| 서비스요금 | la mancia | 라 만치아 |

| 웨이터 | **Il cameriere** | 일 까메리에레 |
| 웨이트레스 | **la cameriera** | 라 까메리에라 |

➡ 식사 관련 단어표현

나이프(칼)	**il coltello**	일 꼴뗄로
포크	**la forchetta**	라 포르껫따
숟가락	**il cucchiaio**	일 꾹끼아이오
냅킨	**il tovagliolo**	일 또봐리올로
재떨이	**il portacenere**	일 뽀르따체네레

➡ 요리와 후식 관련 단어표현

쇠고기	**il manzo**	일 만쪼
돼지고기	**il maiale**	일 마이알레
닭고기	**il pollo**	일 뽈로
생선	**il pesce**	일 뻬쉐
양고기	**l' agnello**	라넬로
해물	**i frutti di mare**	이 후룻띠 디 마레

(아이스)커피	**ice caffe**	아이스 깟훼
우유	**il latte**	일 랏떼
차	**il te'**	일 떼
콜라	**la Coca Cola**	라 꼬까 꼴라

주스	**il succo**	일 쑥고
아이스크림	**il ghiaccio**	일 기앗치오
사과	**la mela**	라 멜라
포도	**l' uva**	루봐
오렌지	**l' arancia**	라란치아

✚ 팁!

이탈리아에서도 다른 유럽의 나라들처럼 팁 문화가 일반화되어 있습니다.

통상 서비스를 받게되면 약 10% 정도의 팁을 줍니다.

호텔의 경우 10~20%의 서비스 요금이 계산서에 추가됩니다.

레스토랑의 경우는 15% 정도의 서비스 요금이 추가되며 카페나 바의 경우에는 자리에 앉아서 음식을 먹었을 경우에만 동전을 팁으로 놓고 가면 됩니다.

택시의 경우에는 짐이 있거나 심야, 휴일에 이용할 경우에 15% 정도의 팁을 줍니다.

7. 쇼핑용 회화!

 **❶ 쇼핑 요령!**

쇼핑은 미리 목록을 작성해서 하는 것이 좋습니다. 산지와 상점가의 위치도 미리 조사해 두도록 합니다. 구매물품에 대한 정보, 그러니까 도자기는 어느 지역, 어느 점포에서 사는 것이 좋고 싸다든지, 어디서 사야 진품을 구할 수 있는 지를 정보자료를 통해 미리 조사하도록 합니다.

이탈리아의 상품들은 전통과 현대적인 감각이 잘 혼합되어서 디자인, 칼라, 품질면에서 세계적으로 이름이 나 있습니다. 이탈리아에서의 대표적인 쇼핑품목으로는 다음과 같은 것들이 있습니다.

❷ 대표적인 쇼핑품목

이탈리아의 대표적인 쇼핑품목으로는 프랑스와 더불어 패션의 본고장인만큼 의류와 악세사리류, 질좋은 가죽제품과 도자기 등이 있습니다. 상점의 영업시간은 보통 09:00~13:00, 16:00~20:00까지이며 일요일과 휴일은 영업을 하지 않습니다. 상점에 따라서는 토요일 오후와 월요일 오전에 쉬기도 합니다.

이탈리아의 쇼핑가에는 유명 디자이너의 본점들이 자리하고 있어서 보는 것만으로도 여행의 또 다른 즐거움이 될 수 있을 것입니다. 또 7~8월, 1~2월에 행해지는 바겐 세일인 Saldi를 이용하면 평소 가지고 싶었던 명품을 저렴한 가격에 구입할 수 있습니다. 더불어 고전적인 보석류로 유명한 Bulgari와 Buccellati, Petocchi, Ansuini등에서 판매하는 악세사리들도 의류와 함께 패션을 완성하는 아이템으로서 대표적인 쇼핑 품목입니다.

이탈리아에는 Gucci, Valextra등의 유명 브랜드외에도 질 좋은 가죽으로 최상의 가죽제품을 만들어 내는 곳이 많이 있는데 로마의 벼룩시장인 포르테세나 피렌체의 산 로렌조 가죽 시장에 가면 이러한 상품들이 저렴한 가격으로 나와 있습니다.

또다른 쇼핑 품목으로 도자기와 유리공예품을 들 수 있는데 움브리아 지방의 Deruta와 시칠리아 섬의 Amalfi Coast지역이 도자기 기술이 뛰어나며, 유리 공예는 베네치안 글라스라 하여 베네치아 지방이 유명합니다. 섬세하면서 화려한 색채로 세계적으로 유명한 이곳에는 도시 곳곳에 유리 공예품을 판매하는 상점들이 있습니다,

✚ 이태리의 대표적 디자이너

Gianni Versace : 클레식하면서도 감각적인 디자인으로 유명한 이 브랜드는 헐리우드 스타들이 즐겨 입어서 우리에게도 익숙한 의상 브랜드입니다.

Valentino : 여성의 아름다운 곡선을 화려하게 표현하는 고급스러운 디자인으로 알려져 있습니다.

Gucci : 핸드백과 가방, 신발에서부터 선글라스까지 국내에도 잘 알려진 브랜드입니다.

Giorgio Armani : 심플하면서도 우아한 디자인으로 유명한 이 브랜드는 남성복, 여성복, 언더웨어, 악세사리 등 많은 영역에서 지속적인 인기를 얻고 있습니다.

Benetton : 원색의 칼라와 특이한 광고로 주목받았던 이 브랜드는 우리나라에서도 사랑받는 중저가 브랜드입니다.

❶ 이 도시의 상점가는 어디입니까?

❷ 그저 보는 것뿐입니다.

❸ 이것과 같은 것이 있습니까?

❹ 옷을 입어봐도 될까요?

❺ 신발을 신어봐도 될까요?

❻ 이것은 남성(여성)용입니까?

❼ 좀 더 싼 것이 있습니까?

Il grande magazzino (일 그란데 마갓찌노)
: 백화점

aperto (아뻬르또) : 영업중

❶ Dove si trova la via commerciale in questa citta' ?
도베 씨 뜨로봐 라 뷔아 꼼메르치알레 인 꾸에스따 치따

❷ Guardo solamente.
과르도 솔라멘떼

❸ Avete la stessa cosa che hanno la' ?
아붸떼 라 스뗏싸 꼬사 께 안노 라

❹ Posso provare questo vestito?
뽀쏘 쁘로봐레 꾸에스또 붸스띠또

❺ Posso provare queste ciabatte?
뽀쏘 쁘로봐레 꾸에스떼 치아밧떼

❻ E' per uomo / donna?
에 뻬르 우오모 돈나

❼ Avete qualcosa di meno caro?
아베떼 꾸알꼬사 디 메노 까로

Chiuso (끼우소) : 폐점
l' etichetta (레띠껫따) : 가격표
i saldi (이 쌀디) : 세일

앗! 단어장!

② 물건값을 낼 때!

❶ 이걸 사겠습니다.

❷ 전부 합해서 얼마입니까?

❸ 제게는 너무 비쌉니다.

❹ 싸게 할 수 없습니까?

❺ 여기는 정찰제입니다.

❻ 계산이 틀리지 않나요?

❼ 현금으로 지불할게요.

L' etichetta (레띠껫따) : 가격표

il conto (일 꼰또) : 계산서

il campionario (일 깜삐오나리오) : 견본

앗! 단어장!

124

❶ Prendo quello.
쁘렌도 꾸엘로

❷ Quanto e' in tutto?
꾸안또 에 인 뚜ㅅ또

❸ E' troppo caro per me.
에 뜨롭뽀 까로 뻬르 메

❹ Potete abbassare il prezzo?
뽀떼떼 압밧싸레 일 쁘렛쪼

❺ Il prezzo e' indicato sull' etichetta.
일 쁘렛쪼 에 인디까또 술에띠껫따

❻ Non c' e' un errore sullo scontrino?
논 체 운 에로레 술로 스꼰뜨리노

❼ Pago in contanti.
빠고 인 꼰딴띠

Travel cheque (트레블 첵) : 여행자수표

I saldi (이 쌀디) : 세일

앗! 단어장!

❸ 백화점 쇼핑!

❶ 실례합니다.

❷ 화장품은 어디에 있습니까?

❸ 그것은 어디에서 살 수 있습니까?

❹ ~을 사고 싶습니다.

❺ 이 두 개의 차이점이 뭔가요?

❻ 이것 두 개의 가격은 얼마입니까?

❼ 이 제품 흰색으로 있습니까?

❽ 탈의실은 어디입니까?

❾ 다른 것을 보여주십시오.

7

❶ Mi scusi.
미 스꾸지

❷ Dove sono i prodotti di bellezza?
도베 쏘노 이 쁘로돗띠 디 벨렛짜

❸ Dove posso comprarlo?
도베 뽀쏘 꼼쁘라를로

❹ Vorrei acquistare ~.
보르레이 악뀌스따레

❺ Qual' e' la differenza tra i due?
꾸알레 라 디훼렌짜 뜨라 이 두에

❻ Quanto costano le due cose?
꾸안또 꼬스따노 레 두에 꼬세

❼ Non l' avete in bianco?
논 라베떼 인 비앙꼬

❽ Dove e' il camerino?
도베 에 일 까메리노

❾ Mi puo' mostrare qualcosa d' altro?
미 뿌오 모스뜨라레 꾸알꼬사 달뜨로

❶ 면세점이 있습니까?

❷ 포도주를 사고 싶습니다.

❸ ～을 보여 주십시오.

❹ 여권을 보여 주십시오.

❺ 이것으로 주세요.

❻ 여행자 수표로 지불해도 됩니까?

앗! 단어장!

Il regalo (일 레갈로) : 선물

fare un pacchetto regalo

(화레 운 빠껫또 레갈로) : 포장하다

❶ Dove sono i negozi Free-tax.
도베 쏘노 이 네곳찌 프리-텍스

❷ Vorrei acquistare del vino.
보르레이 악뀌스따레 델 뷔노

❸ Mi puo' mostrare ~?
미 뿌오 모스뜨라레

❹ Posso vedere il vostro passaporto?
뽀쏘 베데레 일 보스뜨로 빳싸뽀르또

❺ Prendo quello.
쁘렌도 꾸엘로

❻ Accettate i travel cheques?
앗쳇따떼 이 트레블 첵스

Consigli d' uso (꼰실리 두소) : 설명서
il cambio (일 깜비오) : 교환

앗! 단어장!

❶ 기념품점은 어디에 있습니까?

❷ 무엇을 찾으십니까?

❸ 부모님께 드릴 선물을 원합니다.

❹ 이 도시의 특산품은 무엇입니까?

❺ 진열대에 있는 것을 보여 주세요.

❻ 포장을 해주십니까?

❼ 한국으로 부쳐주실 수 있습니까?

Il negozio dei souvenir
(일 네곳찌오 데이 쏘우베니르) : 기념품점

cercare (체르까레) : 찾다

앗! 단어장!

❶ Dove si trovano i negozi dei souvenir?
도베 씨 뜨로봐노 이 네곳찌 데이 쏘우베니르

❷ Cosa cercate?
꼬사 체르까떼

❸ Vorrei acquistare un regalo per i miei genitori.
보르레이 악뀌스따레 운 레갈로 뻬르 이 미에이 제니또리

❹ Qual' e' la specialita' di questa citta' ?
꾸알레 라 스뻬치알리따 디 꾸에스따 칫따

❺ Posso vedere l' articolo della vetrina?
뽀쏘 베데레 라르띠꼴로 델라 베뜨리나

❻ Mi puo' fare un pacchetto regalo?
미 뿌오 화레 운 빡껫또 레갈로

❼ Puo' spedirlo in Corea?
뿌오 스뻬디를로 인 꼬레아

Gli articoli regalo (리 아르띠꼴리 레갈로)

: 상품, 물건

il regalo (일 레갈로) : 선물

❻ 슈퍼마켓 쇼핑!

❶ 실례합니다. 커피를 사려고 합니다.

❷ ~파는 곳은 어디입니까?

❸ 유제품은 어디에 있습니까?

❹ 그 물건은 품절입니다.

❺ (쇼핑)백에 넣어주십시오.

❻ 종이 백을 드릴까요, 비닐 백을 드릴까요?

❼ 잔돈이 틀립니다.

❶ Mi scusi, vorrei acquistare del caffe'.
미 스꾸지 보르레이 악뀌스따레 델 깟훼

❷ Dove e' il reparto di ~?
도베 에 일 레빠르또 디

❸ Dove si trovano i prodotti latterizzi?
도베 씨 뜨로봐노 이 쁘로돗띠 랏떼릿찌

❹ Non ce ne sono di piu'.
논 체 네 쏘노 디 삐우

❺ Puo' metterli in una borsa per favore?
뿌오 멧떼를리 인 우나 보르싸 뻬르 화보레

❻ Volete una borsa di carta o una borsa di plastica?
볼레떼 우나 보르싸 디 까르따 오 우나 보르싸 디 쁠라스띠까

❼ Avete sbagliato nel darmi il resto.
아붸떼 스발리아또 넬 다르미 일 레스또

➡ 쇼핑 관련 단어표현

| 영업중 | **aperto** | 아뻬르또 |
| 폐점 | **chiuso** | 끼우소 |

백화점 **il grande magazzino**
일 그란데 마갓찌노

세일	**l'etichetta**	레띠껫따
가격표	**il pacco**	일 빡꼬
견본	**L'échantillon**	레샹띠옹
교환	**il cambio**	일 깜비오

설명서 **i consigli d'uso**
이 꼰실리 두소

선물 **il regalo** 일 레갈로

포장하다 **fare un pacchetto regalo**
화레 운 빡껫또 레갈로

여행자수표 **i travel cheque**
이 트레블 첵

기념품점 **i negozi dei souvenir**
이 네곳찌 데이 쏘우베니르

8. 우편, 전화, 은행!

❶ 우체국!

이탈리아어로 우체국을 우피치오 포스탈레라고 부르며 건물 외벽에 P.T.라고 씌여있는 간판이 붙어 있습니다. 이탈리아 우체국의 우편업무 시간은 월~금요일 08:30~17:00, 토요일 08:30~12:00이며 우표는 T표시가 되어 있는 담배가게에서 살 수 있습니다. 우체통은 빨간색과 파란색의 두 종류가 있는데 빨간색은 국내용, 파란색은 해외용이며 파란색 우체통이 없을 경우에는 빨간색 우체통의 오른쪽 투입구에 넣으면 됩니다. 소포의 경우는 우체국에 가서 보내게 되는데 운송방법에 따라 세 종류가 있습니다. 가장 빠른 EMS와 항공편, 그리고 선편이 있으며 가격은 모두 무게에 따라 다르지만 EMS가 제일 비싸고 선편이 가장 쌉니

다. 편지나 소포를 보낼 때 받는 사람의 주소는 한글로 써도 되지만 국가명만은 우측 제일 하단에 **SOUTH KOREA**라고 써주어야 합니다.

 ❷ 국제전화!

이탈리아의 공중전화는 우리처럼 카드전용과 동전전용, 카드 동전겸용의 세 종류가 있으나 요즘은 거의 카드전화가 많으며 전화 카드는 T표시가 되어 있는 담배가계에서 판매하고 3, 5 Euro의 두 종류가 있습니다. 전화카드를 이용시에는 카드 우측 상단 모서리 점선 부분을 제거하여야만 사용할 수가 있으며 이탈리아에서는 시내통화의 경우에도 지역번호를 먼저 눌러야 하는 것을 잊지 않도록 합니다.

ⓐ 공중전화로 통화하는 방법 :

공중전화로 국제전화를 걸 경우는 동전이나 카드를 먼저 넣은 후 (서울 929-2882로 전화를 건다고 할 때) **00-82-2-929-2882**를 누르면 됩니다. 이 때 00은 국제식별코드(**international access code**)이며, 82는 한국의 코드번호(**country code**), 2는 서울의 지역번호, 그리고 전화번호 929-2882가 됩니다. 외국에서 한국으로 전화할 때는 지역번호 앞의 0은 빼고 전화합니다.

ⓑ 통신사별 국제전화카드를 사용해서 전화하는 방법 :

다음의 통신사별 교환, 카드접속번호를 누른 후 안내방송에 따라서 전화를 걸면 됩니다.

한국통신	080-0080-0082
데이콤	0800-080-0820
온세통신	0800-33-70700

✚ 국제전화 후불카드

여행을 떠나기 전에 각 통신사에서 제공하는 국제전화 후불카드를 만들면 현지에서 현금없이도 한국으로 전화를 걸 수 있습니다. 국제전화 후불카드란 본인이 지정하는 전화번호로 카드를 발급받아서 외국에서 사용한 후에 요금은 지정한 전화번호 청구서로 부과되는 제도로서 요금이 저렴하고 한국어 안내방송에 따라서 걸면 되므로 편리하다는 장점이 있습니다. 통신사별 국제전화후불카드 신청번호는 다음과 같습니다.

한국통신	080-2580-161
데이콤	082-100
온세통신	083-100

❸ 은행의 이용!

여행객은 주로 환전이나 송금을 받기 위해 은행을 이용하게 되는데, 은행의 이용 가능한 시간은 월~금요일 08:30~13:30, 15:00~16:00입니다.
환전은 일반적으로 환전소나 호텔보다는 은행의 환율이 좋습니다. 또 소도시보다는 대도시, 남부보다는 북부의 환율이 좋으며 여행자수표가 현금보다 환율이 더 좋습니다.

① 이 근처에 우체국이 있습니까?

② 우체통은 어디 있습니까?

③ 편지를 한국에 항공편으로 보내려 합니다.

④ 이 엽서를 한국으로 보내고 싶습니다.

⑤ 한국에 도착하는데 몇 일 걸립니까?

⑥ 우표값은 얼마입니까?

⑦ 얼마입니까?

⑧ 이 편지를 등기로 부쳐 주십시오.

⑨ 이 전보를 쳐주십시오.

8. 우편, 전화, 은행!

❶ C' e' un ufficio postale qui vicino?
체 운 웃휘치오 뽀스딸레 뀌 뷔치노

❷ Dove e' la buca delle lettere?
도베 에 라 부까 델레 렛떼레

❸ Vorrei spedire questa lettera in Corea via aerea.
보르레이 스뻬디레 꾸에스따 렛떼라 인 꼬레아 뷔아 아에레아

❹ Vorrei spedire questa cartolina in Corea.
보르레이 스뻬디레 꾸에스따 까르똘리나 인 꼬레아

❺ In quanti giorni questa lettera arrivera'
in Corea?
인 꾸안띠 지오르니 꾸에스따 렛떼라 아리붸라 인 꼬레아

❻ Quanto costa il francobollo?
꾸안또 꼬스따 일 후랑꼬볼로

❼ Quanto e' ?
꾸안또 에

❽ Vorrei spedire questa lettera il Corea.
보르레이 스뻬디레 꾸에스따 렛떼라 일 꼬레아

❾ Vorrei spedire questo telegramma.
보르레이 스뻬디레 꾸에스또 멜레그람마

❶ 이 소포를 보내고 싶습니다.

❷ 소포용 상자가 있습니까?

❸ 소포용으로 포장해 주세요.

❹ 이 소포를 선편으로 부치려 합니다.

❺ 소포 12개를 서울로 보내고 싶습니다.

❻ 소포를 등기로 보내시겠습니까?

❼ 소포에 '취급주의'라고 표시해 주십시오.

il pacco (일 빡꼬) : 소포

la lettera (라 렛떼라) : 편지

la cartolina (라 까르똘리나) : 엽서

앗! 단어장!

❶ **Vorrei spedire questa parcella.**
보르레이 스뻬디레 꾸에스따 빠르첼라

❷ **Avete un imballaggio?**
아베떼 운 임발랏지오

❸ **Mi faccia un pacchetto da spedire.**
미 홧치아 운 빡께또 다 스뻬디레

❹ **Vorrei spedire questo pacco via nave.**
보르레이 스뻬디레 꾸에스또 빡꼬 뷔아 나붸

❺ **Vorrei inviare questi 12 pacchi in Corea.**
보르레이 인뷔아레 꾸에스떼 도디치 빡끼 인 꼬레아

❻ **Vuole inviare questo pacco per raccomandata, per favore?**
부올레 인뷔아레 꾸에스또 빡꼬 뻬르
락꼬만다따 뻬르 화보레

❼ **Scrivete "Fragile" sul pacco.**
스그리붸떼 프라질레 쑬 빡꼬

L' espresso (레스쁘렛쏘) : 속달

la lettera raccomandata

(라 렛떼라 락꼬만다따) : 등기우편

앗! 단어장!

❶ 공중전화는 어디에 있습니까?

❷ 이 전화로 국제전화를 걸 수 있습니까?

❸ 이 전화를 어떻게 겁니까?

❹ 한국의 국가번호를 가르쳐주시겠습니까?

❺ 이 번호로 전화거는 방법을 가르쳐주세요.

❻ 긴급입니다.

❼ 거기가 대한항공 대리점 맞습니까?

❶ Dove e' una cabina telefonica?
도베 에 우나 까비나 떼레포니까

❷ Posso chiamare all' estero con questo telefono?
뽀쏘 끼아마레 알레스떼로 꼰 꾸에스또 뗄레포노

❸ Come posso utilizzare questo telefono?
꼬메 뽀쏘 웃띠릿짜레 꾸에스또 뗄레포노

❹ Qual' e' il codice internazionale per la Corea?
꾸알레 일 꼬디체 인떼르낫찌오날레 뻬르 라 꼬레아

❺ Mi dica come si deve chiamare questo numero per favore?
미 디까 꼬메 씨 데붸 끼아마레 꾸에스또
누메로 뻬르 화보레

❻ E' una chiamata urgente.
에 우나 끼아마따 우르젠떼

❼ Pronto, e' l' agenzia della Korean Air, giusto?
쁘론또 에 라젠찌아 델라 꼬레안 에어 쥐우스또

❶ 여보세요. 거기가 김 선생님댁 맞습니까?

❷ 전화거신 분은 누구십니까?

❸ 저는 ~라고 합니다.

❹ 내선 351번 부탁합니다.

❺ ~씨를 바꿔 주세요.

❻ 미안합니다. 잘못 걸었습니다.

❼ 그는 지금 외출중입니다.

❽ 언제쯤 돌아옵니까?

❾ ~에게 전화가 왔었다고 전해 주십시오.

❶ Pronto, parlo con il signor Kim?
쁘론또 빠를로 꼰 일 씨뇨르 킴

❷ Chi e' all' apparecchio?
끼 에 알압빠렉끼오

❸ E' il signor ~ che le parla.
에 일 시뇨르 께 레 빠를라

❹ Vorrei il numero 351, per favore.
보르레이 일 누메로 뜨레친꿰우노 뻬르 화보레

❺ Vorrei parlare con il signor ~ .
보르레이 빠를라레 꼰 일 씨뇨르

❻ Mi scusi, avete sbagliato numero.
미 스꾸시 아베테 스발리아또 누메로.

❼ Non c' e' in questo momento.
논 체 인 꾸에스토 모멘또

❽ Quando ritorna?
꾸안도 리또르나

❾ Per favore, puo' dirgli che ha chiamato ~?
페르파보레 뿌오 디를리 께 아 끼아마또

❶ 교환입니다. 무엇을 도와드릴까요?

❷ 한국으로 전화를 하고 싶습니다.

❸ 잠깐만 기다리세요.

❹ 지금 국제전화 교환원을 연결해 드리겠습니다.

❺ 한국의 서울로 직접 전화할 수 있습니까?

❻ 한국으로 국제전화를 걸고 싶습니다.

❼ 수신자부담으로 해주세요.

❽ 요금은 여기서 지불하겠습니다.

❾ 전화번호는 82-2-513-7612입니다.

8

❶ Pronto, vi posso aiutare?
쁘론또 비 뽀쏘 아이우따레

❷ Vorrei chiamare in Corea.
보르레이 끼아마레 인 꼬레아

❸ Un momento per favore.
운 모멘또 뻬르 화보레

❹ Vi colleghero' con un operatore internazionale.
뷔 꼴레게로 꼰 운 오뻬라또레 인떼르낫찌오날레

❺ Posso chiamare in Corea direttamente?
뽀쏘 끼아마레 인 꼬레아 디렛따멘떼

❻ Posso fare una chiamata internazionale in Corea?
뽀쏘 화레 우나 끼아마따 인떼르낫찌오날레 인 꼬레아

❼ Faccia questa chiamata in P.V.C., per favore.
홧치아 꾸에스따 끼아마따 인 삐뷔치 뻬르 화보레

❽ Sono io che pago la comunicazione.
쏘노 이오 께 빠고 라 꼬무니깟찌오네

❾ Il numero e' 82-2-513-7612.
일 누메로 에 옷또두에 두에 친꿰우노뜨레셋떼쎄이우노두에

❶ 여보세요, 교환이죠?

❷ 한국으로 장거리전화를 부탁합니다.

❸ 서울의 이은숙 양을 부탁합니다.

❹ 전화번호는 서울의 1234-5660번입니다.

❺ 선생님의 성함과 룸넘버를 말씀해 주세요.

❻ 저의 이름은 김민수이며, 303호실입니다.

❼ 끊지말고 잠시 기다려 주세요.

❽ 상대방이 나왔습니다. 말씀하세요.

❶ Pronto, l' operatore per favore.
쁘론또 로뻬라또레 뻬르 화보레

❷ Vorrei fare una comunicazione internazionale in Corea.
보르레이 화레 우나 꼬무니깟찌오네 인떼르낫지오날레 인 꼬레아

❸ Vorrei parlare con la signorina Lee a Seoul.
보르레이 빠를라레 꼰 라 씨뇨리나 리 아 쎄울

❹ Il numero di Seoul e' 1234-5660.
일 누메로 디 쎄울 에
우노두에뜨레꾸아뜨로 친꿰세이세이제로

❺ Il vostro nome e numero di camera.
일 보스뜨로 노메 에 누메로 디 까메라

❻ Il mio nome e' Kim e il numero di camera e' 303.
일 미오 노메 에 킴 에 일 누메로 디 까메라 에 뜨레제로뜨레

❼ Un momento, per favore.
운 모멘또 뻬르 화보레

❽ La persona e' in linea, potete parlare.
라 뻬르소나 에 인 리네아 뽀떼떼 빠를라레

➡ 우편 관련 단어표현

우체국	**ufficio postale**
	웃휘치오 뽀스딸레
엽서	**la cartolina**　라 까르똘리나
편지	**la lettera**　라 렛떼라
편지봉투	**la busta**　라 부스따
발신인	**il mandatario**　일 만다따리오
수신인	**il destinatario**　일 데스띠나따리오
주소	**l' indirizzo**　린디릿쪼
우체통	**la buca delle lettere**
	라 북까 델레 렛떼레
등기우편	**la lettera raccomandata**
	라 렛떼라 락꼬만다따
속달	**la lettera espressa**
	라 렛떼라 에스쁘렛싸
우표	**il francobollo**　일 프랑꼬볼로
선편으로	**via nave**　뷔아 나베
항공우편으로	**via aerea**　뷔아 아에레아
소포	**il pacco**　일 빡꼬
취급주의	**fragile**　프라질레

➡ 전화 관련 단어표현

공중전화	**il telefono pubblico**
	일 떼레포노 뿌블리꼬

8

전화박스	**La cabina telefonica**
	라 까비나 뗄레포니까
전화번호	**il numero di telefono**
	일 누메로 디 뗄레포노
휴대전화	**il telefono cellulare**
	일 뗄레포노 첼룰라레
긴급전화	**la chiamata urgente**
	라 끼아마따 우르젠떼
시내통화	**la comunicazione locale**
	라 꼬무니깟찌오네 로깔레
장거리전화	**la comunicazione nazionale**
	라 꼬무니깟찌오네 낫찌오날레
국제전화	**la comunicazione internazionale**
	라 꼬무니깟지오네 인떼르낫찌오날레
교환	**l' operatore** 로뻬라또레
국가번호	**il codice del paese**
	일 꼬디체 델 빠에세
지역번호	**il codice della regione**
	일 꼬디체 델라 레지오네
콜렉트콜	**P.V.C** 삐브치
일반통화	**la comunicazione normale**
	라 꼬무니깟찌오네 노르말레

7 은행의 이용!

❶ 여행자수표를 현금으로 바꾸고 싶습니다.

❷ ~ 바꿔 주십시오.

❸ 여권 좀 보여주시겠습니까?

❹ 네, 여기 여행자 수표도 있습니다.

❺ 수표마다 서명해주시겠어요?

❻ 달러로 바꿔 주십시오.

❼ 잔돈도 섞어 주십시오.

❶ **Vorrei cambiare questi travel cheques in contanti.**
보르레이 깜비아레 꾸에스띠 트레블 첵스 인 꼰딴띠

❷ **Mi puo' cambiare questo ~?**
미 뿌오 깜비아레 꾸에스또

❸ **Posso vedere il vostro passaporto?**
뽀쏘 베데레 일 보스뜨로 빳싸뽀르또

❹ **Si', eccovi i travel cheques.**
씨 엑꼬뷔 이 트레블 첵스

❺ **Fate la firma sui travel cheques.**
홧떼 라 휘르마 쑤이 트레블 첵스

❻ **Vorrei cambiare questi travel cheques in dollari.**
보르레이 깜비아레 꾸에스띠 트레블 첵스 인 돌라리

❼ **Vorrei avere delle monete di piccolo taglio.**
보르레이 아붸레 델레 모네떼 디 삑꼴로 딸리오

❶ 잔돈 좀 섞어 주세요.

❷ 달러를 유로로 좀 바꾸려고 합니다.

❸ 얼마 바꾸시길 원하세요?

❹ 500불입니다.

❺ 잔돈으로 바꿔주세요.

❻ 어떻게 바꿔드릴까요?

❼ 10유로짜리 9장, 1유로짜리 10개로 주세요.

❽ 10유로를 모두 동전으로 바꾸어 주세요.

❾ 10유로를 달러로 교환해 주세요.

❶ **Posso avere della moneta?**
뽀쏘 아붸레 델라 모네따

❷ **Vorrei cambiare i dollari in Euro.**
보르레이 깜비아레 이 돌라리 인 에우로

❸ **Quanto vuole cambiare?**
꾸안또 부올레 깜비아레

❹ **500 dollari.**
친꿰첸또 돌라리

❺ **Mi dia banconote di piccolo taglio.**
미 디아 방꼬노떼 디 삑꼴로 딸리오

❻ **Che tipo di banconote vuole?**
께 띠뽀 디 방꼬노떼 부올레

❼ **Mi dia 9 banconote da 10 Euro e 10 pezzi da un Euro.**
미 디아 노베 방꼬노떼 다 디에치 에우로 에 디에치 뻬찌 다 운 에우로

❽ **Mi puo' cambiare 10 Euro in moneta?**
미 뿌오 깜비아레 디에치 에우로 인 모네따

❾ **Vorrei cambiare 10 Euro in dollari.**
보르레이 깜비아레 디에치 에우로 인 돌라리

▶ 은행 관련 단어표현

환전소	**Il banco del cambio**
	일 방꼬 델 깜비오
환율	**il corso della valuta**
	일 꼬르쏘 델라 발루따

잔돈	**il resto**	일 레스또
지폐	**la banconota**	라 방꼬노따
동전	**la moneta**	라 모네따
여행자수표	**travel cheques**	트래블 첵스
서명	**la firma**	라 휘르마
바꾸다	**il cambio**	일 깜비오
달러	**il dollaro**	일 돌라로
유로	**l' euro**	레우로

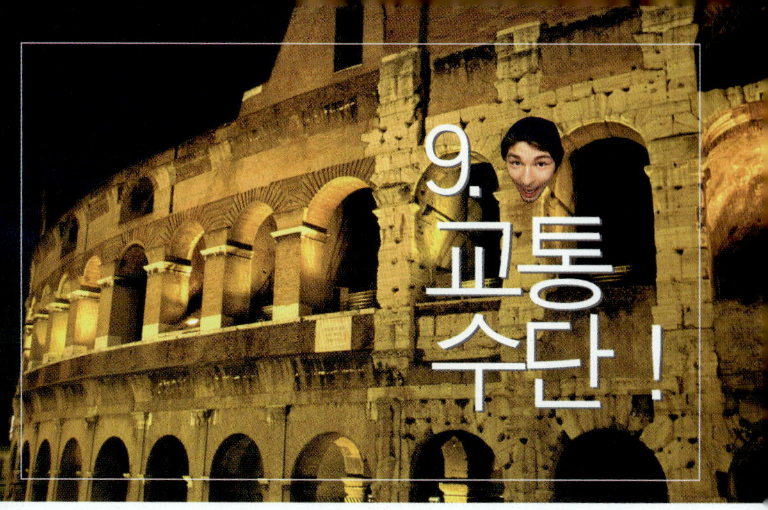

9. 교통수단!

고대의 화려한 유적과 현대의 첨단 산업이 잘 융합된 이탈리아, 나라 전체가 관광지라 하여도 손색이 없는 이곳을 구석구석 살펴보기 위한 교통수단에 대해서 알아보도록 하겠습니다.

❶ 비행기의 이용!

이탈리아 국내의 주요 도시를 연결하는 알리탈리아 항공과 시칠리아 섬과 본토를 운행하는 시칠리아 항공, 사르디니아 섬과 본토를 운행하는 메리디아나 항공이 있습니다.

❷ 철도의 이용!

가격이 비교적 저렴한 이탈리아 국철 FS가 국내 주요 도시에서 운행되고 있습니다. 기차의 종류로는 모든 역에서 멈추는 Regionale, 국내 도시를 운행하는 Intercity, 이탈리아와 유럽의 다른 주요 도시를 운행하는 Eurocity, Eurostar Italia등이 있습니다. 예약은 2개월 전부터 가능하며 티켓은 기차역 내의 창구나 자동판매기, 여행사등에서 구입할 수 있습니다.

❸ 버스의 이용!

국내의 대도시를 기점으로 각 지역의 소도시까지 중, 장거리 시외 버스들이 운행되고 있습니다. 대부분의 시외 버스 정류장은 기차역 주변에 있으며 버스 출발 1시간 전에 도착하면 예약없이 표를 구입할 수 있습니다.

시내 버스는 Tabacchi라는 곳에서 버스표를 구입하여 이용하면 되는데 버스표의 종류로는 75분 사용권, 일일 사용권, 1주일 사용권, 한달 사용권 등이 있습니다.

❹ 택시의 이용!

이탈리아의 택시는 가격이 무척 비쌉니다. 택시의 이용은 우리나라처럼 택시 정류장에서 타거나 전화로 부르면 되는데 전화로 부를 경우 태우러 오는 동안에도 미터기로 요금이 올라가므로 택시 정류장에서 타는 것이 가장 저렴합니다. 그외에도 시외로 이동하거나 짐이 많을 때, 또는 야간일 때 추가 요금을 내야합니다.

❺ 렌터카의 이용!

여행을 떠나기 전에 미리 국제운전면허증을 발급받았고 운전에 자신이 있는 사람이라면 렌터카를 이용해 보도록 합니다. 자동차로 여행을 하다가 고장이 날 경우에는 이탈리아 자동차 클럽(tel : 116)으로 연락합니다.

먼저 예약은, 국내에서 미리 하는 것이 편리하기는 하지만 언어소통에 문제가 없다면 현지에서 직접 차종을 보고 빌리는 것도 괜찮습니다. 차를 렌트할 때에는 여권과 국제운전면허증, 그리고 신분 증명으로 크레디트카드가 필요하며 25세 미만은 렌터카를 빌릴 수 없습니다.

이탈리아의 고속도로는 잘 정비되어 있으며 속도 제한은 1100cc이상의 경우 130km, 그 이하의 경우는 110km이고 안전벨트 미착용으로 적발되면 상당한 액수의 벌금을 내야 하므로 주의하도록 합니다.

이탈리아 역시 불법 주차에 대한 단속이 심하므로 시내 곳곳에 있는 주차장을 이용하도록 합니다.

✚ 주유소 상식!

주유소는 점원이 급유하는 곳, 무인 주유소, 이용객이 급유하고 점원에게 요금을 지불하는 곳의 세 종류가 있습니다. 이곳에서는 가솔린은 Benzina, 무연 가솔린은 Benzina Senza Piombo, 디젤은 Gasolio라고 표시되어 있습니다.

❶ 이 열차의 좌석을 예약하고 싶습니다.

❷ 좌석을 예약해야 합니까?

❸ 급행이 있습니까?

❹ 이 표를 취소해도 될까요?

❺ 로마까지 가는 이등 편도표 1장 주십시오.

❻ 로마로 가는 기차는 어느 역에서 떠납니까?

❼ 이 열차가 ~가는 것입니까?

❽ 몇 번 플랫폼에서 떠납니까?

❾ 어디에서 갈아탑니까?

❶ Vorrei prenotare un posto sul treno.
보르레이 쁘레놋따레 운 뽀스또 쑬 뜨레노

❷ Devo prenotare il posto?
데보 쁘레놋따레 일 뽀스또

❸ C'e' un espresso?
체 운 에스쁘렛쏘

❹ Puo' annullare questo biglietto?
뿌오 안눌라레 꾸에스또 빌리엣또

❺ Mi dia un biglietto di sola andata in seconda classe per Roma.
미 디아 운 빌리엣또 디 쏠라 안다따 인 쎄꼰다
끌랏쎄 뻬르 로마

❻ Da quale binario parte il treno per Roma?
다 꾸알레 비나리오 빠르떼 일 뜨레노 뻬르 로마

❼ E' il treno che va ~?
에 일 뜨레노 께 봐

❽ Da quale banchina parte il treno?
다 꾸알레 방끼나 빠르떼 일 뜨레노

❾ Devo cambiare treno?
데보 깜비아레 뜨레노

❿ 이 열차는 로마까지 직행합니까?

⓫ 이 자리 비었습니까?

⓬ 여기는 제 자리입니다.

⓭ 지금 어디를 지나고 있습니까?

⓮ 다음 역은 어디입니까?

⓯ 이 열차는 밀라노에서 정차합니까?

⓰ 얼마간 정차합니까?

La stazione del treno
(라 스땃지오네 델 뜨레노) : 기차역
il treno (델 뜨레노) : 기차

9

❶ Questo treno va direttamente fino a Roma?
꾸에스또 뜨레노 봐 디렛따멘떼 휘노 아 로마

❷ Questo posto e' occupato?
꾸에스또 뽀스또 에 옥꾸빠또

❸ E' il mio posto.
에 일 미오 뽀스또

❹ Dove stiamo passando ora?
도베 스띠아모 빠싼도 오라

❺ Qual' e' la prossima stazione?
꾸알레 라 쁘롯씨마 스땃찌오네

❻ Questo treno si ferma a Milano?
꾸에스또 뜨레노 씨 훼르마 아 밀라노

❼ Quanto tempo si ferma il treno qui?
꾸안또 뗌뽀 씨 훼르마 일 뜨레노 뀌

La prima classe (라 쁘리마 끌랏쎄)
: 1등석

la seconda classe (라 쎄꼰다 끌랏쎄)
: 2등석

앗! 단어장!

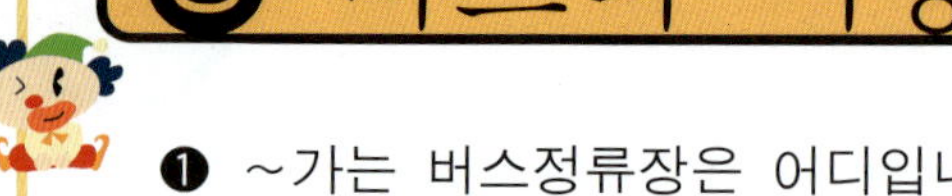

❶ ~가는 버스정류장은 어디입니까?

❷ 이 버스는 ~까지 갑니까?

❸ ~공원 가는 버스입니까?

❹ ~까지 얼마입니까?

❺ 버스 안에서 차표를 살 수 있습니까?

❻ ~ 대학교까지 표 두 장 주세요.

❼ 동물원행 버스는 언제 출발합니까?

La fermata dell' autobus
(라 훼르마따 델라우또부스) : 버스정류장
l' autobus (라우또부스) : 시내버스

9

❶ **Dove si trova la fermata dell' autobus che va a ~?**
도베 씨 뜨로봐 라 훼르마따 델라우또부스 께 봐 아

❷ **Questo autobus fino a dove arriva ~?**
꾸에스또 아우또부스 휘노 아 도베 아리봐

❸ **Questo autobus va fino al giardino ~?**
꾸에스또 아우또부스 봐 휘노 알 지아르디노

❹ **Qual' e' la tariffa per ~ ?**
꾸알레 라 따릿화 뻬르

❺ **Si puo' acquistare il biglietto sull' autobus?**
씨 뿌오 악뀌스따레 일 빌리엣또 쑬라우또부스

❻ **Due biglietti per l' universita' ~.**
두에 빌리엣띠 뻬르 루니베르씨따

❼ **A che ora parte l' autobus che va allo zoo?**
아 께 오라 빠르떼 라우또부스 께 봐 알로 쪼

L' autocarro (라우또까로) : 관광버스

la stazione dei pullman

(라 스땃찌오네 데이 뿔만) : 시외버스터미날

앗! 단어장!

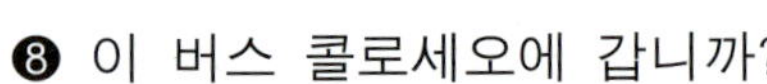

❽ 이 버스 콜로세오에 갑니까?

❾ 다음 버스는 몇 시에 옵니까?

❿ 몇 시간 걸립니까?

⓫ 어디에서 갈아타야 합니까?

⓬ 다음 정거장에서 내립니다.

⓭ 여기가 제가 내려야할 곳인가요?

⓮ 여기서 내려 주십시오.

⓯ 다음 정거장에서 내리겠습니다.

⓰ 그곳에 도착하면, 저에게 좀 알려주세요.

❽ Questo bus va al colosseo?
꾸에스또 부스 봐 알 꼴롯쎄오

❾ A che ora arriva il prossimo bus?
아 께 오라 아리봐 일 쁘롯씨모 부스

❿ Quanto tempo ci vuole?
꾸안또 뗌뽀 치 부올레

⑪ Dove devo cambiare il pullman?
도베 데보 깜비아레 일 뿔만

⑫ Scendo alla prossima fermata.
쉔도 알라 쁘롯씨마 훼르마따

⑬ Devo scendere qui?
데보 쉔데레 뀌

⑭ Scendo qui, per favore.
쉔도 뀌 뻬르 화보레

⑮ Scendero' alla prossima fermata.
쉔데로 알라 쁘롯씨마 훼르마따

⑯ Mi puo' avvisare quando arriviamo?
미 뿌오 아뷔싸레 꾸안도 아리뷔아모

⑤ 선박의 이용!

❶ ~가는 배를 타는 곳은 어디입니까?

❷ 1등선실을 예약하고 싶습니다.

❸ ~까지 가는 배는 어디서 탑니까?

❹ 승선시간은 몇 시 입니까?

❺ 언제 떠납니까?

❻ 몇 시간 걸립니까?

❼ 뱃멀미가 좀 납니다.

❽ 어디에서 표를 삽니까?

❶ Dove si prende il battello per ~?
도베 씨 쁘렌데 일 밧뗄로 뻬르

❷ Vorrei riservare un posto in prima classe.
보르레이 리쎄르봐레 운 뽀스또 인 쁘리마 끌랏쎄

❸ Dove posso prendere il battello per ~?
도베 뽀쏘 쁘렌데레 일 밧뗄로 뻬르

❹ A che ora e' l' imbarco?
아 께 오라 에 림바르꼬

❺ A che ora parte questo battello?
아 께 오라 빠르떼 꾸에스또 밧뗄로

❻ Quanto tempo ci vuole?
꾸안또 뗌뽀 치 부올레

❼ Ho mal di mare.
오 말 디 마레

❽ Dove possiamo acquistare il biglietto?
도베 뽀ㅅ씨아모 악뀌스따레 일 빌리엣또

❶ 이 근처에 지하철역이 있습니까?

❷ 가장 가까운 지하철역은 어디입니까?

❸ ～에 가려면 몇 번 출구로 가야 합니까?

❹ 지하철 노선표 한 장 주십시오.

❺ 박물관은 지하철로 어떻게 갑니까?

❻ 시립 도서관은 어디에서 갈아탑니까?

❼ 지하철 표 한 장 주십시오.

❽ ～은 어디에서 내립니까?

9

❶ C'e' una stazione della metropolitana qui vicino?
체 우나 스땃찌오네 델라 메뜨로뽈리따나 뀌 뷔치노

❷ Quale e' la stazione metropolitana piu' vicina?
꾸알레 에 라 스땃찌오네 메뜨로뽈리따나 삐우 뷔치나

❸ Qual' e' la giusta uscita per andare a ~.
꾸알레 라 지우스따 우쉬따 뻬르 안다레 아

❹ Posso avere una cartina della metropolitana?
뽀쏘 아붸레 우나 까르띠나 델라 메뜨로뽈리따나

❺ Come posso andare al museo in metro?
꼬메 뽀쏘 안다레 알 무세오 인 메뜨로

❻ Dove devo cambiare la metro per andare alla biblioteca municipale?
도베 데보 깜비아레 라 메뜨로 뻬르 안다레 알라 비블리오떽까 무니치빨레

❼ Un biglietto della metro, per favore.
운 빌리엣또 델라 메뜨로 뻬르 화보레

❽ Dove devo scendere per andare a ~.
도베 데보 쉔데레 뻬르 안다레 아

7 택시의 이용!

❶ 택시 승차장은 어디입니까?

❷ (메모를 보이면서) 이 주소로 가 주십시오.

❸ 그랜드 호텔로 가주세요.

❹ 박물관까지 요금이 얼마정도 나옵니까?

❺ 거기까지 가는 데 얼마나 걸립니까?

❻ 빨리 좀 가 주세요. 좀 늦었는데요.

❼ 오른쪽으로 돌아주세요.

❽ 여기서 세워주세요.

❾ 요금은 얼마입니까?

❶ Dov' e' la stazione dei Taxi?
도베에 라 스땃지오네 데이 딱씨

❷ Mi puo' portare a questo indirizzo?
미 뿌오 뽀르따레 아 꾸에스또 인디릿쪼

❸ Andiamo al Grand Hotel, per favore?
안디아모 알 그랜드 오뗄 뻬르 화보레

❹ Quanto costa arrivare fino al museo?
구안또 꼬스따 아리봐레 휘노 알 무세오

❺ Quanto tempo ci vuole per arrivare fino allo stadio?
꾸안또 뗌뽀 치 부올레 뻬르 아리봐레 휘노 알로 스따디오

❻ Puo' accellerare un po', sono in ritardo.
뿌오 앗첼레라레 운 뽀 소노 인 리따르도

❼ Girate a destra.
쥐라떼 아 데스뜨라

❽ Fermatevi qui.
훼르마떼뷔 뀌

❾ Quanto le devo?
꾸안또 레 데보

8 렌터카의 이용!

❶ 렌터카는 어디에서 빌립니까?

❷ 차를 빌리고 싶습니다.

❸ 어떤 차종이 있습니까?

❹ 이 차를 하루 쓰고 싶습니다.

❺ 요금표를 보여 주십시오.

❻ 하루에 얼마입니까?

❼ 보험에 들고 싶습니다.

❽ 보증금은 얼마입니까?

❾ 사고가 나면 어디에 연락합니까?

9

❶ Dove posso noleggiare un automobile?
도베 뽀쏘 놀렛지아레 운아우또모빌레

❷ Vorrei noleggiare un automobile.
보르레이 놀렛지아레 운 아우또모빌레

❸ Quali tipi di veicoli ci sono?
꾸알리 띠뻬 디 뷔이골리 치 쏘노

❹ Vorrei noleggiare questa vettura per un giorno.
보르레이 놀렛지아레 꾸에스따 뷔뚜라 뻬르 운 지오르노

❺ Vorrei sapere quali sono le tariffe.
보르레이 싸뻬레 꾸알리 쏘노 레 따릿훼

❻ Quanto costa il noleggio per un giorno?
꾸안또 꼬스따 일 놀렛지오 뻬르 운 지오르노

❼ Vorrei assicurarmi contro gli incidenti.
보르레이 앗씨꾸라르미 꼰뜨로 리 인치덴띠

❽ Quanto devo depositare per la cauzione?
꾸안또 데보 데뽀짓따레 뻬르 라 까웃찌오네

❾ Dove devo chiamare in caso di incidente?
도베 데보 끼아마레 인 까소 디 인치덴떼

❏ 철도여행 관련 단어표현

기차역	**la stazione**	라 스땃찌오네
열차	**il treno**	일 뜨레노
매표소	**la biglietteria**	라 빌리엣떼리아
시간표	**l' orario**	로라리오
1등석	**la prima classe**	라 쁘리마 끌랏쎄
2등석	**la seconda classe**	라 쎄꼰다 끌랏쎄
좌석	**il posto**	일 뽀스또
보통열차	**il treno normale**	일 뜨레노 노르말레
급행열차	**il treno espresso**	일 뜨레노 에스쁘렛소
고속열차	**l' EuroStar**	레우로스따르
	il treno a grande velocita'	일 뜨레노 아 그란데 뷀로치따

개찰구	**l' accesso alle banchine**
	랏첶쏘 알레 방끼네
왕복기차표	**il biglietto andata-ritorno**
	일 빌리엣또 안다따 리또르노

➡ 버스여행 관련 단어표현

시외버스터미날	**la stazione dei pullman**
	라 스땃찌오네 데이 뿔만
버스정류장	**la fermata dell' autobus**
	라 훼르마따 델라우또부스
시내버스	**l' autobus**　　라우또부스
관광버스	**l' autocarro**　　라우또까로
정차	**la fermata**　　라 훼르마따

➡ 선박여행 관련 단어표현

항구	**Il porto**	일 뽀르또
배	**il battello**	일 밧뗄로
부두	**la banchina**	라 방끼나
정박하다	**armeggiare**	알르멧지아레
선실	**la cabina passeggeri**	라 까비나 빳쎄제리
의무실	**l' infermeria**	린훼르메리아
승선권	**il biglietto passeggeri**	일 빌리엣또 빳쎄제리
구명부낭	**la scialuppa di salvataggio**	라 쉬아룹빠 디 쌀봐땃지오
구명동의	**il giubbotto di salvataggio**	일 지우봇또 디 쌀봐땃지오
구명보트	**il canotto di salvataggio**	일 까놋또 디 쌀봐땃지오

➡ 지하철 관련 단어표현

매표구	**lo sportello**	로 스뽀르뗄로
입구	**l' ingresso**	린그렛쏘

출구	**l' uscita**	루쉬따
갈아타는 곳	**la corrispondenza**	
	라 꼬리스쁜덴짜	
개찰구	**l' accesso alla banchina**	
	랏쳇쏘 알라 방끼나	

➡ 택시 관련 단어표현

택시승차장	**la stazione dei taxi**	
	라 스땃지오네 데이 딱시	
택시	**la taxi**	라 딱시
택시기사	**l' autista dei taxi**	
	라우띠스따 데이 딱시	
요금	**la tariffa**	라 따릿화
미터계	**il tassametro**	일 땃싸메뜨로
거스름돈	**il resto**	일 레스또

➡ 렌터카 관련 단어표현

보증금	**la cauzione**	라 까웃찌오네
임대료	**il prezzo dell' affitto**	
	일 쁘렛쪼 델랏횟또	

계약서	**il contratto**	일 꼰뜨랏또
주유소	**la stazione di servizio**	라 스땃찌오네 디 쎄르뷔찌오
가솔린	**la benzina**	라 벤지나
가득채움	**il pieno**	일 삐에노
고속도로	**l' autostarda**	라우또스뜨라다
주차장	**il parcheggio**	일 빠르께지오
일방통행	**il senso unico**	일 쎈쏘 우니꼬
통행금지	**chiuso al traffico**	끼우소 알 뜨랏휘꼬
주차금지	**divieto di sosta**	디뷔에또 디 쏘스따
공사중	**lavori in corso**	라보리 인 꼬르소
서행	**rallentare**	랄렌따레
안전벨트	**la cintura di sicurezza**	라 친뚜라 디 씨꾸렛짜
십자로	**l' incrocio**	린끄로치오
교통사고보험	**l' assicurazione dell' automobile**	랏씨꾸랏찌오네 델라우또모빌레
운전면허증	**la licenza di guida**	라 리첸짜 디 구이다
국제면허증	**la patente internazionale**	라 빠뗀떼 인떼르낫찌오날레

10. 관광하기!

❶ 이탈리아 관광 정보!

이탈리아를 방문하기에 가장 좋은 시기는 비가 적고 온화한 날씨가 계속되는 4월~6월이나 9월~10월입니다. 이탈리아는 지중해성 기후로 대체적으로 온화하며 사계절의 구별이 뚜렷해서 날씨가 우리나라와 비슷한데 하루중 일교차가 크므로 여름에 여행을 하더라도 긴팔복장을 준비하도록 합니다. 특히 성 베드로 성당 및 다른 주요 성당 방문시 민소매 웃옷이나 반바지 차림으로는 입장할 수 없으므로 주의하도록 합니다.

❷ 이탈리아 관광 명소!

● 로마

이탈리아의 수도인 로마는 이 나라의 정치, 문화의 중심지로서 세계적인 관광지입니다. 영원의 도시라 불리는 이곳에는 약 3000년의 역사를 가진 도시인 만큼 수많은 유적들이 시내 곳곳에 있습니다. 이곳의 주요 관광 명소로는 테르미니 역 부근에 500인 광장, 테르메 디 디오클레치아노, 베네또 거리와 보르게세 공원의 보르게세 미술관, 스페인 광장의 퀴리날레 궁전, 베네치아 궁전, 트레비 분수, 고대 로마의 유적 중 가장 잘 보존된 거대한 신전인 판테온과 원형극장인 콜로세오 등이 있습니다. 그리고 세계에서 가장 작은 독립국인 바티칸 시국도 이곳에 위치하고 있습니다.

● 밀라노

로마에 이어 제 2의 도시로서 북부 이탈리아의 중심지입니다. 이탈리아뿐 아니라 유럽 경제의 핵심부로서 여러가지 산업이 발달한 근대적인 도시이면서도 르네상스 시대의 역사적인 건물들이 많이 남아 있습니다. 이곳의 주요 관광 명소로는 두오모 광장과 대성당인 두오모, 스칼라 극장, 브레라 미술관, 폴디 페촐리 미술관, 레오나르도 다빈치 과학기술박물관, 암브로시아나 미술관, 산타 마리아 델레 그라치에 교회 등이 있습니다.

● 베네치아

120여 개의 섬이 400여개의 다리로 연결되어 하나의 도시를 이루고 있는 수상도시입니다. 동 서양 문명의 합류점이기도 했던 베네치아는 1200년 전까지만 해도 이탈리아의 상업과 정치의 중심지였으나 지금은 예전의 상업 도시가 아닌 관광

도시로서 그 면모를 달리 하고 있습니다. 이곳의 주요 관광 명소로는 산 마르코 광장 주변의 산 마르코 대사원, 대종루, 두칼레 궁전과 아카데니아 미술관 주변의 산타 마리아 델라 살루테 교회, 산 세바스티아노 교회, 레초니코 궁전과 산 로 코 학교, 아름다운 아치형의 다리인 리알토 다리 등이 있습 니다. 또한 베네치아의 상징인 곤돌라를 타고서 크고 작은 운하를 따라 도시 곳곳을 감상해 보는 것도 이곳 관광에서 빠질 수 없는 관광코스입니다.

● 피렌체

꽃의 도시인 피렌체는 르네상스의 발 상지로서 유명한 예술가들을 많이 배 출한 예술의 도시입니다. 이탈리아 중 부의 주요 도시인 이곳은 13~15세기 의 예술 작품들이 많이 남아 있어서 도시 전체가 미술관이라 하여도 과언 이 아닐 정도입니다. 이곳의 주요 관 광 명소로는 피렌체의 상징이라 할 수  있는 두오모와 산타 마리아 노벨라 교회, 산 조반니 세례당, 산 로렌초교회, 아카데미아 미술관, 바르젤로 국립미술관, 산 마르코 교회 미술관, 우피치 미술관, 팔라티나 미술관, 피티 궁전, 미켈란젤로 광장 등이 있습니다.

● 피사

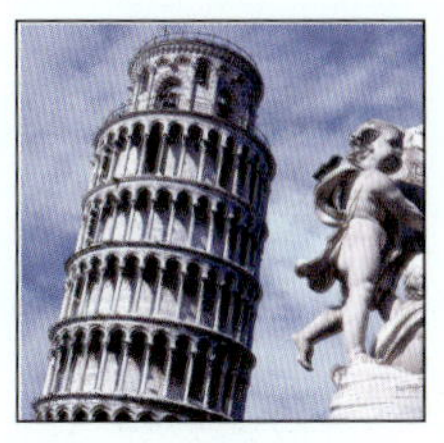

갈릴레오 갈릴레이가 태어난 곳이며 세 계 7대 불가사의 중에 하나인 피사의 사탑이 있는 곳으로서 사탑이 있는 두 오모 성당과 세례당, 납골당, 국립 미술 관 등이 주요 관광 명소입니다.

❶ 관광안내소는 어디 있습니까?

❷ 여행안내서를 주십시오.

❸ 시내지도 있습니까?

❹ 저는 ~을 보고 싶습니다.

❺ 저는 ~에 가보고 싶습니다.

❻ 어디에서 출발합니까?

❼ 표는 어디에서 삽니까?

❽ 야간 관광이 있습니까?

❾ 쇼나 연극을 볼 수 있는 코스가 있습니까?

❶ Dove e' il centro informazioni?
도베 에 일 첸뜨로 인포르맛찌오니

❷ Posso avere una guida turistica?
뽀쏘 아붸레 우나 구이다 뚜리스띠까

❸ Avete una cartina della citta' ?
아붸떼 우나 까르띠나 델라 칫따

❹ Vorrei andare a vedere ~ .
보르레이 안다레 아 붸데레

❺ Vorrei andare a ~.
보르레이 안다레 아

❻ Dove partiamo?
도베 빠르띠아모

❼ Dove posso comprare il biglietto?
도베 뽀쏘 꼼쁘라레 일 빌리엣또

❽ C' e' un tour notturno?
체 운 뚜르 놋뚜르노

❾ Possiamo vedere uno spettacolo o un' opera teatrale?
뽀씨아모 붸데레 우노 스뻬스따꼴로 오 운오뻬라 떼아뜨랄레

❶ 미안합니다만, ~가는 길을 가르쳐주세요.

❷ 여기가 어디입니까?

❸ 이 거리를 뭐라고 부릅니까?

❹ 지도상으로 제가 어디에 있는 건가요?

❺ 지하철역에는 어떻게 가야 하나요?

❻ 한국대사관이 어디 있는지 아십니까?

❼ 그곳까지 걸어갈 수 있나요?

❽ 화장실은 어디입니까?

10

❶ Mi scusi, mi puo' dire la strada per ~?
미 스꾸지 미 뿌오 디레 라 스뜨라다 뻬르

❷ Dove siamo ora?
도베 씨아모 오라

❸ Qual' e' il nome di questa via?
꾸알레 일 노메 디 꾸에스따 뷔아

❹ Dove sono ora sulla cartina?
도베 쏘노 오라 쑬라 까르띠나

❺ Come posso andare alla stazione metropolitana?
꼬메 뽀쏘 안다레 알라 쓰땃찌오네 메뜨로뽈리따나

❻ Sapete dove si trova l' Ambasciata di Corea?
싸뻬떼 도베 씨 뜨로봐 람바쉬아따 디 꼬레아

❼ E' possibile andare a piedi?
에 뽀씨빌레 안다레 아 삐에디

❽ Dove sono i servizi igenici?
도베 쏘노 이 쎄르뷔찌 이지에니치

❾ 저는 이곳이 초행입니다.

❿ ~호스텔은 여기서 멉니까?

⓫ 얼마나 걸릴까요?

⓬ 저것은 무슨 건물입니까?

⓭ 어떻게 가야 합니까?

⓮ 여기에 약도를 그려 주십시오.

⓯ 똑바로 가면 됩니까?

⓰ 현재 위치를 가르쳐 주십시오.

⓱ 감사합니다.

❾ Sono venuto qui per la prima volta.
쏘노 붸누또 뀌 뻬르 라 쁘리마 볼따

❿ L' hotel ~ e' lontano da qui?
로뗄 에 론따노 다 뀌

⑪ Quanto ci vuole?
꾸안또 치 부올레

⑫ Che edificio e' ?
께 에디휘치오 에

⑬ Come possiamo arrivare la' ?
꼬메 뽀ㅅ씨아모 아리봐레 라

⑭ Puo' farmi una piccola mappa qui?
뿌오 화르미 우나 삑꼴라 맙빠 뀌

⑮ Devo girare a destra?
데보 쥐라레 아 데스뜨라

⑯ Mi puo' indicare sulla cartina dove siamo ora?
미 뿌오 인디까레 쑬라 까르띠나 도붸 씨아모 오라

⑰ Grazie mille.
그랏찌에 밀레

④ 기념사진 찍기!

❶ 사진 좀 찍어주세요.

❷ 셔터 좀 눌러 주시겠어요?

❸ 됐습니다. 찍으세요.

❹ 그럼 찍습니다.

❺ 당신 사진을 찍어도 됩니까?

❻ 여기서 사진을 찍어도 됩니까?

❼ 나와 함께 사진을 찍어 주시겠어요?

10

❶ Puo' farci delle foto?
뿌오 화르치 델레 포또

❷ Vuole premere sul bottone per favore?
부올레 쁘레메레 쑬 봇또네 뻬르 화보레

❸ Ecco fatto!
엑꼬 홧또

❹ Siete pronti?
씨에떼 브론띠

❺ Posso farvi una foto?
뽀쏘 화르뷔 우나 포또

❻ Posso fare delle foto qui?
뽀쏘 화레 델레 포또 뀌

❼ Posso farmi fotografare con voi?
뽀쏘 화르미 포또그라화레 꼰 보이

➡ 사진 관련 단어표현

한국어	이탈리아어	발음
현상하다	**sviluppare**	스빌룹빠레
컬러필름	**la pellicola a colori**	라 뻴리꼴라 아 꼴로리
슬라이드필름	**la diapositiva**	라 디아뽀지띠봐
건전지	**la pila**	라 삘라
사진촬영금지	**divieto di fotografare**	디뷔에또 디 포또그라화레
플래쉬금지	**divieto di utilizzare il flash**	디뷔에또 디 웃띨릿짜레 일 홀래쉬

➡ 관광 관련 단어표현

한국어	이탈리아어	발음
관광	**il turismo**	일 뚜리스모
명승지	**i luoghi turistici**	이 루오기 뚜리스띠치
미술관	**il museo delle belle arti**	일 무세오 델레 벨레 아르띠
박물관	**il museo**	일 무세오
화랑	**la galleria**	라 갈레리아
전람회	**l' esposizione**	레스뽀싯찌오네
동물원	**lo zoo**	로 쪼
식물원	**il giardino botanico**	일 지아르디노 봇따니꼬

성	**Il castello**	일 까스뗄로
궁전	**il palazzo**	일 빨랏쬬
교외	**la periferia**	라 뻬리훼리아
시내 중심	**il centro citta'**	일 첸뜨로 칫따
공원	**i Giardini**	이 지아르디니
유원지	**il parco divertimenti**	
	일 빠르꼬 디베르띠멘띠	
축제	**la festa nazionale**	
	라 훼스따 낫찌오날레	
행사	**l' avvenimento**	라붸니멘또
연중행사	**l' avvenimento annuale**	
	라붸니멘또 안누알레	
특별행사	**l' avvenimento eccezionale**	
	라붸니멘또 엣쳇찌오날레	

➡ 시내관광 관련 단어표현

동쪽	**l' est**	레스뜨
서쪽	**l' ovest**	로붸스뜨
남쪽	**il sud**	일 쑤드
북쪽	**il nord**	일 노르드
이쪽	**questa parte**	꾸에스따 빠르떼
저쪽	**l' altra parte**	랄뜨라 빠르떼
앞에	**davanti**	다반띠
뒤에	**dietro**	디에뜨로

옆에	**vicino a**	뷔치노 아
안쪽	**l' interno**	린떼르노
바깥쪽	**l' esterno**	레스떼르노
오른쪽	**il lato destro**	일 라또 데스뜨로
왼쪽	**il lato sinistro**	일 라또 씨니스뜨로
곧장	**subito**	쑤비또
도로	**la strada**	라 스뜨라다
보도	**il marciapiede**	일 마르치아삐에데
사거리	**l' incrocio**	린끄로치오
막다른 골목	**la strada chiusa**	라 스뜨라다 끼우사
건널목	**il passaggio pedonale**	일 빳싸지오 뻬도날레
횡단보도	**il vicolo cieco**	일 뷔꼴로 치에꼬
버스정류장	**la fermata dell' autobus**	라 훼르마따 델아우또부스
택시승차장	**la stazione dei taxi**	라 스땃찌오네 데이 딱시
지하철역	**la stazione metropolitana**	라 스땃찌오네 메뜨로뽈리따나
기차역	**la stazione dei treni**	라 스땃찌오네 데이 뜨레니
시장	**il mercato**	일 메르까또
상가	**il centro commerciale**	일 첸뜨로 꼼메르치알레

광장	la piazza	라 삐앗짜
공원	il parco	일 빠르꼬
시내중심가	il centro	일 첸뜨로
주의	attenzione	아뗀찌오네
공사중	lavori in corso	라보리 인 꼬르소
계단이용	prendete le scale	쁘렌데떼 레 스깔레
고장	fuori servizio	푸오리 쎄르빗찌오
출입금지	ingresso vietato	인그렛쏘 뷔에따또
통행금지	passaggio interrotto	빳싸지오 인떼롯또
영업중	aperto	아뻬르또
출구	uscita	우쉬따
폐점	chiuso	끼우소
비상구	uscita di sicurezza	우쉬따 디 씨꾸렛짜
미시오	spingere	스삔제레
화장실	i servizi igienici	이 쎄르빗찌 이지에니치
당기시오	tirare	띠라레
남자용	uomini	우오미니
여자용	donne	돈네
입구	l' ingresso	린그렛쏘

❶ 공연시간표가 어떻게 됩니까?

❷ 입장료는 얼마입니까?

❸ 학생표 2장 주세요.

❹ 가장 싼 좌석으로 2장 주십시오.

❺ 오늘 좌석이 아직 있습니까?

❻ 영화관은 어디에 있습니까?

❼ ~을 보고 싶습니다.

❽ ~ 쇼는 어디서 볼 수 있습니까?

❾ 지금 뭘 하고 있습니까?

❶ Posso sapere l' orario dello spettacolo?
뽀쏘 싸뻬레 로라리오 델로 스뻬딱꼴로

❷ Quanto costa il biglietto d' entrata?
꾸안또 꼬스따 일 빌리엣또 덴뜨라따

❸ Due biglietti per studenti, per favore.
두에 빌리엣띠 뻬르 스뚜덴띠 뻬르 화보레

❹ Vorrei prenotare due posti economici.
보르레이 쁘레놋따레 두에 뽀스띠 에꼬노미치

❺ Ci sono dei posti disponibili per oggi?
치 쏘노 데이 뽀스띠 디스뽀니빌리 뻬르 옷지

❻ Dove si trova il cinema?
도베 씨 뜨로봐 일 치네마

❼ Vorrei andare a vedere ~.
보르레이 안다레 아 붸데레

❽ Dove posso vedere ~?
도베 뽀쏘 붸데레

❾ Cosa danno ora al teatro?
꼬사 단노 오라 알 떼아뜨로

❿ 지금 인기있는 공연은 무엇입니까?

⓫ 누가 출연하고 있습니까?

⓬ 며칠까지 상연합니까?

⓭ 입구는 어디입니까?

⓮ 개막은 몇 시입니까?

⓯ 몇 시에 끝납니까?

⓰ 팜플렛이 있습니까?

lo spettacolo (로 스뻬딱꼴로) : 공연
la pausa (라 빠우사) : 휴식시간
esaurito (에사우리또) : 만원

앗! 단어장!

10

⑩ Qual' e' lo spettacolo di piu' successo in questo momento?

꾸알레 로 스뻬딱꼴로 디 삐우 쑤쳇쏘 인 꾸에스또 모멘또

⑪ Chi recita in questo spettacolo?

끼 레치따 인 꾸에스또 스뻬딱꼴로

⑫ Fino a quando c' e' lo spettacolo?

휘노 아 꾸안도 체 로 스뻬딱꼴로

⑬ Dove si trova l' ingresso?

도베 씨 뜨로봐 린그렛쏘

⑭ A che ora comincia?

아 께 오라 꼬민치아

⑮ A che ora finisce?

아 께 오라 휘니쉐

⑯ Posso avere un libretto informativo?

뽀쏘 아붸레 운 리브렛또 인포르마띠보

il film (일 필므) : 영화

l' opera teatrale (로뻬라 떼아뜨랄레)

: 연극

앗! 단어장!

❶ 디스코텍에 가고 싶습니다.

❷ 근처에 디스코텍이 있습니까?

❸ 몇 시에 엽니까?

❹ 입장료는 얼마입니까?

❺ 입장료가 포함된 것입니까?

❻ 음료수 값은 별도입니까?

❼ 저와 춤추시겠습니까?

앗! 단어장!

la discoteca (라 디스꼬떼까) : 디스코텍
locale notturno (로깔레 놋뚜르노)
              : 나이트클럽
la biglietteria (라 빌리엣떼리아) : 매표소

10

❶ Vorrei andare in discoteca.
보르레이 안다레 인 디스꼬떽까

❷ C' e' una discoteca qui vicino?
체 우나 디스꼬떽까 뀌 뷔치노

❸ A che ora apre?
아 께 오라 아쁘레

❹ Quanto costa la prevendita?
꾸안또 꼬스따 라 쁘레벤디따

❺ La prevendita e' compresa nel prezzo?
라 쁘레벤디따 에 꼼쁘레사 넬 쁘렛쪼

❻ La bevanda e' compresa nel prezzo?
라 베반다 에 꼼쁘레사 넬 쁘렛쪼

❼ Vuoi ballare con me?
부오이 발라레 꼰 메

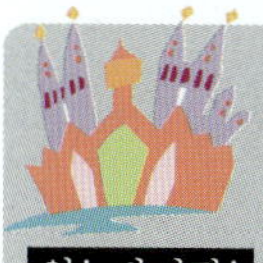

La pista da ballo (라 삐스따 다 발로)
: 댄스홀
la prevendita (라 쁘레벤디따) : 예매

앗! 단어장!

❶ 어떤 운동을 좋아하십니까?

❷ 야구를 제일 좋아합니다.

❸ 저는 이탈리아 축구팀의 열렬한 팬입니다.

❹ 내 취미는 수영입니다.

❺ 배구 시합을 보고 싶습니다.

❻ 어떤 팀들의 경기입니까?

❼ ~을 하고 싶습니다.

❽ 골프 클럽에 들고 싶습니다.

❾ 말을 타고 싶습니다.

❶ Quale sport preferisci?
꾸알레 스뽀르뜨 쁘레훼리쉬

❷ Preferisco il baseball.
쁘레훼리스꼬 일 베이스볼

❸ Sono tifoso della squadra di calcio italiana.
쏘노 띠포소 델라 스꾸아드라 디 깔치오 이딸리아나

❹ Amo fare del nuoto.
아모 화레 델 누오또

❺ Mi piacerebbe andare a vedere la pallavolo.
미 삐아체렙베 안다레 아 붸데레 라 빨라볼로

❻ E' una partita fra quali squadre?
에 우나 빠르띠따 프라 꾸알리 스꾸아드레

❼ Vorrei fare ~.
보르레이 화레

❽ Mi vorrei iscrivere al club del golf.
미 보르레이 이스끄리베레 알 끌럽 델 골프

❾ Vorrei fare dell' equitazione.
보르레이 화레 델레뀌땃찌오네

➲ 오락 관련 단어표현

음악회	**Il concerto**	일 꼰체르또
연주회장	**la sala dei concerti**	라 쌀라 데이 꼰체르띠
연극	**il posto a teatro**	일 뽀스또 아 떼아뜨로
뮤지컬	**la commedia musicale**	라 꼼메디아 무지깔레
오페라	**l' opera**	로뻬라
영화	**il film**	일 필므
영화관	**il cinema**	일 치네마
발레	**il balletto**	일 발렛또
댄스홀	**la pista da ballo**	라 삐스따 다 발로
나이트클럽	**il locale notturno**	일 로깔레 놋뚜르노
디스코텍	**la discoteca**	라 디스꼬떽까
매표소	**la biglietteria**	라 빌리엣떼리아
예매	**la prevendita**	라 쁘레벤디따
어른	**l' adulto**	라둘또
어린이	**il bambino**	일 밤비노
학생	**lo studente**	로 스뚜덴떼
만원	**esaurito**	에사우리또
공연	**lo spettacolo**	로 스뻬딱꼴로
휴식시간	**la pausa**	라 빠우사

➡ 스포츠 관련 단어표현

축구	**Il calcio**	일 깔치오
야구	**il baseball**	일 베이스볼
배구	**la pallavolo**	라 빨라볼로
수영	**il nuoto**	일 누오또
수영장	**la piscina**	라 삐쉬나
테니스	**il tennis**	일 뗀니스
테니스코트	**il campo da tennis**	일 깜뽀 다 뗀니스
캠핑	**il campeggio**	일 깜뻬지오
등산하다	**fare passeggiate in montagna**	화레 빳쎄지아떼 인 몬따냐
낚시	**la pesca**	라 뻬스까
스키	**lo sci**	로 쉬
스케이트	**il pattinaggio**	일 빳띠낫지오
자전거타다	**andare in bicicletta**	안다레 인 비치끌렛따
자전거대여	**il noleggio della bici**	일 노렛지오 델라 비치
골프	**il golf**	일 골프
골프장	**il campo da golf**	일 깜뽀 다 골프

➕ 이탈리아 관광시 주의점!

이탈리아를 관광할 때 주의할 점이 있습니다.

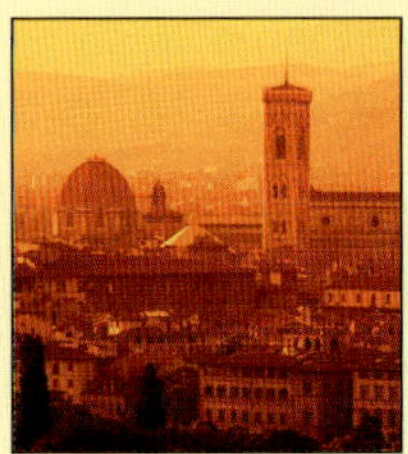

교회나 박물관을 구경시, 또는 최고급 레스토랑을 이용시에 민소매 옷이나 반바지, 미니 스커트 등 노출이 심한 옷을 입은 사람은 입장이 안되므로 이러한 곳을 방문시에는 복장에 신경을 써서 낭패를 보는 경우가 없도록 해야 합니다.

➕ 잠깐, 이탈리아의 교통 규칙 정보!

교차로를 돌 때는 우회전하며, 표지판이나 신호등이 없는 교차로에서는 자기차의 오른쪽에 있는 차에 우선권이 있습니다.

이탈리아 사람들은 운전 매너가 좋지 않아서 차선 변경이나 커브를 돌때에 방향등을 켜지 않고 하는 사람들이 다반사이므로 이곳에서 차를 운전할 때에는 앞차와의 안전 거리를 충분히 두고서 행하도록 합니다.

11. 사고상황의 대처

❶ 문제상황의 발생!

사람들로 혼잡한 역전이나 버스 터미널, 또는 야간 열차 등을 이용시에는 소매치기와 도난 사고가 자주 있으므로 주의하도록 합니다 이곳에서 소매치기와 날치기를 당하지 않기 위해서는, 첫째는 버스나 지하철을 이용시에 호주머니에 돈이나 귀중품을 넣지 말아야 하며, 둘째는 2인조 오토바이치기배들이 많으므로 가방은 꼭 길 안쪽 방향으로 매고 다니며, 세째는 가짜 경찰 행세를 하며 신분증등을 요구할 때 지갑을 주의하여야 합니다. 그외에 짐이 여러개일 경우에는 도난당하기 쉬우므로 조심하고 여권과 현금은 남의 눈에 띄지 않도록 하며 귀중품은 호텔의 안전 박스에 보관하도록 합니다. 또 야간 기차를 탑승할 경우 혼자서 이용하지 않도록 하며 모르는 사람이 주는

분실, 도난, 사고?

과자나 음료수 등은 먹지 않도록 합니다. 수면제가 들어 있을 수 있습니다. 그리고 현지에서 사고가 났을 경우에는 먼저 '미안하다'라고 말하지 않으며 함부로 사인하지 않도록 합니다.

외국 여행시 분실 도난사고에 대비해서 다음의 것들을 메모하여 따로 보관하도록 합니다.

여권과 비자 - 여권 번호, 발행일, 발행지, 유효 기간, 여행지의 한국공관 연락처 (여권의 사진이 있는 부분을 복사해 둠)
여행자 수표 - 수표의 일련 번호, 구입일, 한국과 현지의 은행 연락처
신용 카드 - 카드 번호, 한국과 현지의 발급처와 분실 신고 연락처
해외 여행자 보험 - 보험증 번호, 계약 연월일
항공권 - 항공권 번호, 발행일, 한국과 현지의 항공사 연락처

❷ 분실 도난사고시!

ⓐ 여권을 분실했을 때 :

여권을 분실해 재발급을 받으려면 상당한 시간이 소요됩니다. 전체 여행에 차질을 빚을 수 있으므로 가능한 한 빨리 한국대사관이나 총영사관에 연락한 후 '여행자증명서'를 발급 받도록 합니다. 여권 및 여행자 증명서를 재발급 받기 위한 구비서류로는 ① 여권 도난 / 분실 증명서 (현지 경찰 발급), ② 일반여권 재발급신청서 2통, ③ 신분증, ④ 사진 2매, ⑤ 분실한 여권의 번호와 교부일자 등을 준비해야 합니다.

ⓑ 여행자수표를 분실했을 때 :

재발행은 두 번째의 사인을 하지 않은 미사용분만 가능합니다. 재발행을 위해서는 ① 분실증명서(경찰서에서 발급), ②

11

 발행 증명서(구입시 은행에서 준 것), ③ 여권이나 운전면허증 등의 신분증을 지참하고 발행 은행의 현지 지점으로 가시면 됩니다.

ⓒ 항공권을 분실했을 때 :

발권 항공사의 대리점으로 가서 재발급 신청을 합니다. ① 항공권번호, ② 발권일자, ③ 구간, ④ 복사본이 있으면 편리하며, 소요시간은 약 1주일정도 걸립니다. 시간이 촉박할 때는 일단 새로 비행기표를 사고, 나중에 환불 받는 방법을 취하도록 합니다.

ⓓ 크레디트카드를 분실했을 때 :

카드발행회사에 즉시 신고합니다. 보통 지갑과 함께 잃어버려 현금과 다른 신분증을 함께 잃어 버리는 경우가 많은데 이를 위해 현금과 카드는 분산해서 소지하고 한국으로부터 송금받을 경우에 대해서도 대비를 하도록 합니다.

ⓔ 배낭 또는 기타 물건을 분실했을 때 :

가방을 분실하거나 도난 당했을 경우, 인근 경찰서에서 분실 증명서를 발급 받아야 합니다. 보험 가입자의 경우 귀국 후 보험청구시에 반드시 필요한 서류가 됩니다. 그리고 항공기의 운송사고의 경우는 사고보상에 따른 일체를 항공사가 배상합니다.

❸ 질병에 대한 대비

해외 여행중에는 무리한 여행일정과 기후, 풍토 등의 차이로 병이 나기 쉬우므로 상비약품 정도는 국내에서 미리 준비해 가도록 합니다.

❶ 여권을 분실했습니다.

❷ ~을 도난 당했습니다.

❸ ~을 두고 왔습니다.

❹ 여행자 수표를 잃어버렸어요.

❺ 어제 지하철에서 지갑을 소매치기당했습니다.

❻ 도난 증명서를 만들어 주십시오.

❼ 한국대사관에 연락해 주십시오.

❽ 한국대사관은 어떻게 갑니까?

❶ Ho perso il mio passaporto.
오 뻬르소 일 미오 빳싸뽀르또

❷ Mi hanno imbrogliato ~.
미 안노 임브로리아또

❸ Ho dimenticato ~.
오 디멘띠까또

❹ Ho perso i miei travel cheques.
오 뻬르소 이 미에이 트래블 첵스

❺ Qualcuno mi ha rubato il portafoglio nella metropolitana.
꾸알꾸노 미 아 루바또 일 뽀르따폴리오 넬라 메뜨로뽈리따나

❻ Mi dia il certificato per denunciare il furto.
미 디아 일 체르띠휘까또 뻬르 데눈치아레 일 후르또

❼ Potete prendere contatto con l' Ambasciata coreana?
뽀떼떼 쁘렌데레 꼰땃또 꼰 람바쉬아따 꼬레아노

❽ Come posso andare all' Ambasciata coreana?
꼬메 뽀쏘 안다레 알암바쉬아따 꼬레아나

❿ 어디서 그것을 재발행 받을 수 있습니까?

⓫ 재발행 해 주시겠습니까?

⓬ 오늘 재발행됩니까?

⓭ 누구한테 알리는게 좋습니까?

⓮ 분실물계는 어디입니까?

⓯ 어디로 찾으러 가면 되죠?

La perdita (라 뻬르디따) : 분실

il furto (일 후르또) : 도난

il rapinatore (일 라삐나또레) : 도둑

11

❶ Quale sezione si occupa del risarcimento?
꾸알레 쎄찌오네 씨 옥꾸빠 델 리싸르치멘또

❷ Potete risarcirmi i travel cheques.
보떼떼 리싸르치르미 이 트래블 첵스

❸ E' possibile per oggi?
에 뽀씨빌레 뻬르 옷지

❹ A chi mi devo rivolgere?
아 끼 미 데보 리볼제레

❺ Dove si trova il banco degli oggetti trovati?
도베 씨 뜨로봐 일 방꼬 델리 오젯띠 뜨로봐띠

❻ Dove posso recuperarlo?
도베 뽀쏘 레꾸뻬라를로

Lo svaligiatore (로 스봐르리지아또레) : 강도
la polizia (라 뽈리지아) : 경찰
il ferito (일 훼리또) : 부상

❶ 여보세요. 경찰서죠?

❷ 경찰서 좀 대 주세요.

❸ 제 지갑을 소매치기 당했어요.

❹ 자동차 사고를 신고하고자 합니다.

❺ 화재발생 신고를 하려 합니다.

❻ 여기 부상자 한 사람이 있습니다.

❼ 그의 머리에서 피가 납니다.

❽ 앰뷸런스를 좀 불러주세요.

❾ 차가 고장났습니다.

11

❶ Pronto, polizia?
쁘론또 뻴리찌아

❷ Puo' chiamare la polizia?
뿌오 끼아마레 라 뻴리찌아

❸ Mi hanno rubato il portafoglio.
미 안노 루바또 일 뽀르따폴리오

❹ Vorrei denunciare un incidente automobilistico.
보르레이 데눈치아레 운 인치덴떼 아우또모빌리스띠꼬

❺ Vorrei denunciare un incendio.
보르레이 데눈치아레 운 인첸디오

❻ Ha una ferita qui.
아 우나 훼리따 뀌

❼ Sanguina dalla testa.
쌍구이나 달라 떼스따

❽ Puo' chiamare l' ambulanza?
뿌오 끼아마레 람불란짜

❾ La mia automobile e' in panne.
라 미아 아우또모빌레 에 인 빤네

❶ 응급상황입니다!

❷ 118(구급차)로 전화해주세요.

❸ 경찰을 불러 주세요!

❹ 도둑이다!

❺ 불이야!

❻ 도와주세요!

❼ 조심해요!

❽ 엎드려!

❾ 비켜요!

11

❶ E' urgente!
에 우르젠떼

❷ Chiamate l' ambulanza al numero 118.
끼아마떼 람불란짜 알 누메로 우노우노옷또

❸ Chiamate la polizia.
끼아마떼 라 뽈리찌아

❹ Al ladro!.
알 라드로

❺ C' e' un incendio.
체 운 인첸디오

❻ Soccorso!
쏙꼬르소

❼ Attenzione!
앗뗀찌오네

❽ Andate a letto.
안다떼 아 렛또

❾ Tiratevi indietro.
띠라떼뷔 인디에뜨로

❶ 병원에 데려다 주세요.

❷ 구급차를 불러 주세요.

❸ 의사를 불러 주세요.

❹ 여기에 통증이 있습니다.

❺ 머리가 아픕니다. / 오한이 납니다.

❻ 현기증이 납니다. / 토할 것 같습니다.

❼ 설사를 합니다.

❽ 다리가 부러졌습니다.

❾ 여행을 계속해도 됩니까?

❶ Mi porti all' ospedale per favore.
미 뽀르띠 알로스뻬달레 뻬르 화보레

❷ Puo' chiamare l' ambulanza?
뿌오 끼아마레 람불란짜

❸ Puo' chiamare un medico?
뿌오 끼아마레 운 메디꼬

❹ Ho male qui.
오 말레 뀌

❺ Ho male alla testa. / Ho i brividi.
오 말레 알라 떼스따   오 이 브리뷔디

❻ Ho le vertigini. / Ho la nausea.
오 레 붸르띠쥐니   오 라 나우세아

❼ Ho la diarrea.
오 라 디아레아

❽ Mi si e' rotta una gamba.
미 시 에 롯따 우나 감바

❾ Posso continuare il mio viaggio?
뽀쏘 꼰띠누아레 일 미오 뷔앗지오

❶ 이 처방대로 약 좀 주세요.

❷ ~약 좀 주십시오.

❸ 두통약을 좀 주세요.

❹ 소화제를 좀 주세요.

❺ 하루에 약을 몇 회나 복용합니까?

❻ 이 약을 하루 3번 식후에 드세요.

❼ 처방전 없이 이 약은 드실 수 없습니다.

11

❶ Posso avere la medicina di questa ricetta?
뽀쏘 아붸레 라 메디치나 디 꾸에스따 리쳇따

❷ Mi dia delle medicine per ~.
미 디아 델레 메디치네 뻬르

❸ Mi dia una medicina per il mal di testa.
미 디아 우나 메디치나 뻬르 일 말 디 떼스따

❹ Vorrei un digestivo, per favore.
보르레이 운 디제스띠보 뻬르 화보레

❺ Quante volte al giorno devo prendere questa medicina?
꾸안떼 볼떼 알 지오르노 데보 쁘렌데레 꾸에스따 메디치나

❻ Prendete questa medicina tre volte al giorno.
쁘렌데떼 꾸에스따 메디치나 뜨레 볼떼 알 지오르노

❼ Non potete prendere questa medicina senza ricetta.
논 뽀떼떼 쁘렌데레 꾸에스따 메디치나 쎈짜 리쳇따

➡ 사고 관련 단어표현

경찰서	**Il commisariato di polizia**
	일 꼼밋싸리아또 디 뽈리찌아
경찰	**la polizia** 라 볼리찌아
경찰관	**l' agente di polizia**
	라젠떼 디 뽈리찌아
파출소	**il posto di polizia**
	일 뽀스또 디 뽈리찌아
여권	**il passaporto** 일 빳싸뽀르또
지갑	**il portafoglio** 일 뽀르따폴리오
귀중품	**l' oggetto di valore**
	로젯또 디 봐르로레
도둑	**il rapinatore** 일 라삐나또레
도난	**il furto** 일 후르또
강도	**il ladro** 일 라드로
분실	**la perdita** 라 뻬르디따
부상	**il ferito** 일 훼리또
화재	**l' incendio** 린첸디오
충돌	**la collisione** 라 꼴리씨오네

대피	**l' evacuazione**	레봐꾸앗찌오네

➡ 병원 관련 단어표현

병원	**l' ospedale**	로스뻬달레
의사	**la medicina**	라 메디치나
간호사	**l' infermiere**	린훼르미에레
구급차	**l' ambulanza**	람불란짜
환자	**il paziente**	일 빠찌엔떼
입원	**il ricovero**	일 리꼬붸로

➡ 신체 부위별 명칭

몸	**il corpo**	일 꼬르뽀
머리	**la testa**	라 떼스따
코	**il naso**	일 나소
귀	**l' orecchio**	로렉끼오
입	**la bocca**	라 복까

손목	**il polso**	일 뽈쏘
팔	**il braccio**	일 브랏치오
발	**il piede**	일 삐에데
다리	**la gamba**	라 감바
가슴	**il petto**	일 뺏또
등	**il dorso**	일 도르소
허리	**l' anca**	란까
심장	**il cuore**	일 꾸오레

➡ 치료 관련 단어표현

주사	**la puntura**	라 뿐뚜라
수술	**l' operazione**	로뻬랏찌오네
처방	**la ricetta medica**	
		라 리쳇따 메디까
약	**la medicina**	라 메디치나
체온	**la temperatura del corpo**	
		라 뗌뻬라뚜라 델 꼬르뽀
열	**la febbre**	라 펩브레
맥박	**il polso**	일 뽈쏘

11

혈압	**la tensione arteriosa**	
	라 뗀씨오네 아르떼리오사	
진단서	**la certificazione medica**	
	라 체르띠휘깟지오네 메디까	
두통	**il mal di testa**	일 말 디 떼스따
현기증	**le vertigini**	레 붸르띠지네
기침	**la tosse**	라 또ㅅ쎄
감기	**il raffreddore**	일 랍프렛도레
폐렴	**la tubercolosi**	라 뚜베르꼴로시
유행성 감기	**l' influenza**	린플루엔짜
맹장염	**l' appendicite**	랍뺀디치떼

➡ 약국 관련 단어표현

약국	**la farmacia**	라 화르마치아
처방전	**la ricetta medica**	
	라 리쳇따 메디까	
탈지면	**il cotone idrofilo**	
	일 꼬또네 이드로필로	
반창고	**il cerotto**	체롯또

머큐롬	**Il mercurio cromo**	
	일 메르꾸리오 끄로모	
붕대	**la medicazione**	
	라 메디깟지오네	
연고	**la pomata**	라 뽀마따
아스피린	**l' aspirina**	라스삐리나
해열제	**l' antipiretico**	란띠삐레띠꼬
진통제	**il calmante**	일 깔만떼

✚ 긴급상황시 연락처!

경찰 : 113

화재 : 44444

구급차 : 5510

긴급전화 : 197 + 전화번호

대한민국 대사관 (로마) : 06-8088820

이탈리아 한인회 (로마) : 06-86802092

대한항공 (로마) : 06-65953450

12. 귀국 준비!

❶ 귀국 준비!

이제 귀국을 준비할 때입니다. 먼저 짐을 잘 정리해 가방의 부피를 최대한으로 줄이며, 짐의 갯수도 줄이도록 합니다. 그리고 귀국에 필요한 서류들을 다시 한번 확인하고 따로 작은 가방에 넣어 잘 보관합니다. 귀국 때 잃어버리는 짐이 가장 많기 때문에 관리를 잘 하도록 합니다.

ⓐ **예약 재확인** : 귀국날짜가 정해지면 미리 항공편 좌석을 예약해야 하며, 예약을 이미 해두었을 경우는 출발 예정일의 3일 전에 재확인을 해야 합니다. 항공사에 전화해서 이름, 편명, 행선지를 말하고 자신의 연락 전화번호를 남기도록 합니다. 성수기 때에는 자칫 재확인을 안해서 당일날 좌석을 구하지 못하는 일이 종종 있습니다.

ⓑ **수하물의 정리 :** 출발하기 전에 맡길 짐과 기내에 가지고 들어갈 짐을 나누어 꾸리고 토산품과 현지에서 구입한 물건의 품명과 금액을 리스트에 기재해 둡니다. 물건의 파손이 우려되는 제품은 가급적 직접 운반하는 것이 좋으며, 부피가 클 경우는 짐에 '주의! 파손위험'이라는 스티커를 보딩패스 할 때 붙여달라고 요구합니다. 그리고 현지에서 구입한 면세 물품 관련 서류를 반드시 챙겨 물건을 꼭 받아 나오도록 합니다.

ⓒ **출국절차 :** 최소한 출발 2시간 전까지는 공항에 미리 도착해 체크인을 하십시오. 9.11테러 이후 수하물 검사가 매우 철저하게 진행되기 때문에 상당 시간이 소요됩니다. 기내휴대 수하물 외의 짐은 탁송합니다. 화물은 항공기 탑재 중량을 먼저 주의하여야 하며, 초과 중량에 대해서는 1kg당 운임료를 따로 지불해야 합니다. 적지 않은 비용이기 때문에 반드시 미리 체크하도록 합니다.

출국절차는 먼저 자신이 이용할 해당 항공사 데스크로 가서 여권, 출입국카드(입국시에 여권에 붙여놓았던 것), 항공권을 제시하면 계원이 출국 카드를 떼내고 비행기의 탑승권을 줍니다. 탑승권에는 좌석번호는 물론 탑승구 번호와 탑승시간까지 기록되어 있습니다. 항공권에 공항세가 포함되어 있지 않을 경우에는 출국 공항세를 지불해야 하는 곳도 있습니다. 이렇게 탑승절차를 마치고 난 후 다음은 보안검색과 기내휴대 수하물의 **X**선검사를 받습니다. 출국장 안으로 들어가게 되면 먼저 탑승권에 표시된 탑승 게이트로 가서 대기를 하거나 면세품코너를 들러 남은 시간을 보냅니다. 아직 선물을 준비하지 못했다면 이곳에서 사는 것이 좋습니다. 귀국할 때는 인천공항의 면세점을 이용할 수 없습니다.

❷ 한국 도착!

한국에 도착한 후 입국절차는 ⓐ 입국신고서(세관신고서) 작성, ⓑ 검역, ⓒ 입국심사, ⓓ 세관검사의 순으로 진행됩니다. 입국신고서는 미리 준비해 둡니다. (출국신고서 작성시에 준비했던 것) 입국절차는 출국절차의 역순, **Q - I - C** (**Quarantine, Immigration, Customs**)입니다.

ⓐ 검역 : 비행기에서 내리면 맨 먼저 검역 부스가 있습니다. 미국, 유럽 등지에서 오는 여행객에 대해서는 검사가 없습니다. 주로 전염병이 보고된 지역의 여행객이 받습니다.

ⓑ 입국심사 : 내국인이라고 표시된 곳으로 가서 줄을 섭니다. 여권과 입국신고서를 제출하면 계원이 입국 카드를 떼어내고 여권에 입국 스탬프를 찍어 주면 끝입니다.

ⓒ 세관 : 세관신고는 자진 신고제를 운영하고 있습니다. 세관 검사에 필요한 서류는 여권과 세관신고서입니다. 신고할 물품이 있으면 여기에 기재를 합니다만 면세품의 경우는 구두로 신고해도 됩니다. 과세 대상품에 대해서는 세관원이 세액을 산출하여 지불용지를 작성해 줍니다. 지불할 돈이 모자라거나 없을 땐 일단 과세 대상품을 세관에 예치하고 나중에 찾아 가도록 합니다. 현재 술, 담배, 향수 이외의 물건은 해외 취득 가격 합계 400달러까지 면세됩니다. 특별히 신고할 물건이 없으면 녹색심사대를 통해 우선 통과가 가능하지만 만약 미기재된 물품이나 신고한 금액을 초과한 물품에 대해서는 별도의 관세가 부과되며, 반입금지 물품(마약류, 총기류 등)에 대해서는 형사처벌을 받게 됩니다. 그리고 남의 짐을 잠시 맡아 주는 등의 도움이 자칫 밀수, 불법반입으로 악용되는 경우가 있기 때문에 특히 주의가 필요합니다.

❶ 예약확인!

❶ 예약 재확인을 하고 싶습니다.

❷ 서울에서 예약했습니다.

❸ 12월23일의 KAL 702편입니다.

❹ 이름은 이민수입니다.

❺ 예약을 변경하고 싶습니다.

❻ 서울까지 이등석 두 명입니다.

❼ 이 예약을 취소해 주십시오.

❶ Vorrei confermare la mia prenotazione.
보르레이 꼰훼르마레 라 미아 쁘레놋땃지오네

❷ Ho fatto la mia prenotazione a Seoul.
오 홧또 라 미아 쁘레놋땃찌오네 아 쎄울

❸ E' per il volo 702 della KAL del 23 dicembre.
에 뻬르 일 볼로 쎄떼제로두에 델라 칼 델 벤띠뜨레
디쳄브레

❹ Il mio nome e' Min-Su Lee.
일 미오 노메 에 민수 리

❺ Vorrei cambiare la mia prenotazione.
보르레이 깜비아레 라 미아 쁘레놋땃찌오네

❻ Ci sono due posti in seconda classe per Seoul.
치 쏘노 두에 뽀스띠 인 쎄꼰다 끌랏쎄 뻬르 쎄울

❼ Vorrei annulare la mia prenotazione.
보르레이 안눌라레 라 미아 쁘레놋땃찌오네

❷ 귀국시 공항에서!

❶ 이 짐들을 대한항공 카운터로 옮겨주십시오.

❷ 탑승수속은 어디서 합니까?

❸ 창쪽 자리로 해 주십시오.

❹ 탑승개시는 몇 시입니까?

❺ 게이트 번호를 가르쳐 주십시오.

❻ 수하물 검사는 어디서 합니까?

❼ 6번 게이트는 어디입니까?

❶ Per favore trasferite questi bagagli al comparto registrazioni della KAL.
빼르 화보레 뜨라스훼릿떼 꾸에스띠 바갈리 알
꼼빠르또 레지스뜨랏찌오니 델라 칼

❷ Dove devo sbrigare le pratiche per l' imbarco?
도베 데보 스브리가레 레 쁘라띠께 빼르 림바르꼬

❸ Mi potete dare un posto vicino alla finestra?
미 뽀떼떼 다레 운 뽀스또 뷔치노 알라 휘네스뜨라

❹ A che ora c' e' l' imbarco?
아 께 오라 체 림바르꼬

❺ Qual' e' il numero dell' ingresso?
꾸알레 일 누메로 델린그렛쏘

❻ Dove si fa il controllo dei bagagli?
도베 씨 파 일 꼰뜨롤로 데이 바갈리

❼ Dove e' l' ingresso 6?
도베 에 린그렛쏘 쎄이

특별부록 비지니스 이태리어회화

해외 출장을 떠나시는 독자 여러분들을 위한 필수 비지니스 이태리어 회화를 특별 부록편으로 모아 정리했습니다. 간단한 인사말에서부터 상담, 계약, 주문에 이르기까지 꼭 필요한 필수 문장들을 중심으로 소개해 드립니다. 독자 여러분의 '성공 비지니스' 를 기원합니다.

❶ 초면의 인사법!

비지니스에 있어서 첫 만남은 무엇보다도 중요합니다. 상대에게 좋은 인상을 줄 수 있도록 첫 인사말을 준비해 봅니다. 상대와의 첫 인사! 무엇보다도 여러분의 밝은 미소와 자신감을 함께 전하십시오!

이태리인과의 비지니스!

'**Buongiorno.**' (보온지오르노)와 '**Sono felice di incontrarLa.**' (쏘노 휄리체 디 인꼰뜨라르라)는 처음 만났을 때 나눌 수 있는 인사로서 '안녕하세요.', '처음 뵙겠습니다.' 라는 뜻입니다. 상대방이 이렇게 말했을 때에는 '**Sono molto onorato di incontrarvi.**' (쏘노 몰또 오노라또 디 인꼰뜨라르뷔) 라고 대답하면서 반가움을 표시하면 되겠습니다.

❷ 다양한 인사법!

서로 만나 인사라도 나눈 적이 있거나, 이미 아는 사이라면 인사법이 좀 더 편해집니다. 그래서 '**Buongiorno.**' (보온지오르노), '**Buonasera.**' (부오나쎄라)라고 인사하며, '**Come state?**' (어떻게 지내십니까? : 꼬메 스따떼), '**Sto bene.**' (저도 잘 지내고 있어요. : 스또 베네)라고 대답합니다.

그외의 인사법으로 약속 시간에 늦었을 때에는 '**Scusi del ritardo.**' (늦어서 죄송합니다. : 스꾸시 델 리따르도), '**Scusi, l'ho fatta aspettare.**' (기다리게 해서 죄송합니다. : 스꾸시 로 홧따 아스뻬따레)라고 하며, 헤어질 때는 '**Arrivederci.**' (안녕히 계세요/가세요. : 아리베데르치), '**Arrivederci.**' (또 만납시다! : 아리베데르치)라고 말하면 됩니다.

비지니스 회화!

❶ 누구를 찾으세요?

❷ 브루렛띠 씨와 만나기로 약속했습니다.

❸ 그와 상의할 문제가 좀 있어서요.

❹ 그는 오늘 쉬는 날입니다.

❺ 지금 회의 중입니다.

❻ 손님이 오셨습니다.

❼ 오래 기다리게 해서 죄송합니다.

L' appuntamento (랍뿐따멘또) : 약속

il colloquio (일 꼴록끼오) : 면담

la discussione (라 디스꿋씨오네) : 토의, 논의

❶  방문객을 맞을 때!

❶ Chi cerca?
끼 체르까

❷ Ho appuntamento con il signor Bruletti.
오 압뿐따멘또 꼰 일 씨뇨르 브루렛띠

❸ Vorrei avere un colloquio con lui.
보르레이 아뵈레 운 꼴록끼오 꼰 루이

❹ E' a riposo oggi.
에 아 리뽀소 옷지

❺ Sta avendo una discussione.
스따 아벤도 우나 디스꿋씨오네

❻ Il signore e' venuto per vederla.
일 씨뇨레 에 붸누또 뻬르 붸데를라

❼ Sono desolato di averla fatta attendere.
쏘노 데솔라또 디 아뵈를라 홧따 앗뗀데레

Aspettare (아스뺍따레) : 기다리다

le vacanze (레 봐깐쩨) : 휴가

앗! 단어장!

기본 회화에서 계약 성공까지!

비지니스 회화!

❶ 뵙게되어 반갑습니다.

❷ 우리 회사에 오신 것을 환영합니다.

❸ 저는 SBJ의 대표이사, 이민수입니다.

❹ 제 명함입니다.

❺ 이쪽으로 오시겠습니까?

Piacere (삐앗체레) : 반갑습니다

benvenuto (벤베누또) : 환영합니다

la societa' (라 쏘치에따) : 회사, 기업

❷ 인사할 때!

❶ Piacere.
삐 앗 체 레

❷ Siete il benvenuto nella nostra societa'.
씨에떼 일 벤베누또 넬라 노스뜨라 쏘치에따

❸ Mi chiamo Min-Su Lee, il direttore di SBJ.
미 끼아모 민수 리 일 디렛또레 디 엣쎄비이룽가

❹ E' il mio biglietto da visita.
에 일 미오 빌리엣또 다 뷔시따

❺ Venga da questa parte per favore.
벵가 다 꾸에스따 빠르떼 뻬르 화보레

il direttore (일 디렛또레) : 대표이사
il biglietto da visita
(일 빌리엣또 다 뷔시따) : 명함

앗! 단어장!

❶ 저희 회사는 2002년에 설립되었습니다.

❷ 지점은 몇 개나 됩니까?

❸ 귀사의 주요 상품은 무엇입니까?

❹ 국제인증을 가지고 있습니까?

❺ 귀사의 마케팅전략이 무엇입니까?

La societa' (라 쏘치에따) : 회사

la succursale. (라 쑥꾸르살레) : 지점

❸ 회사를 소개할 때!

❶ La nostra societa' e' stata fondata nel 2002.
라 노스뜨라 쏘치에따 에 스따따 폰다따 넬 두에밀라두에

❷ Quante succursali avete?
꾸안떼 쑥꾸르살리 아붸떼

❸ Qual' e' il prodotto principale della vostra societa' ?
꾸알레 일 쁘로돗또 쁘린치빨레 델라 보스뜨라 쏘치에따

❹ Avete il certificato dell' organizzazione internazionale?
아붸떼 일 체르띠휘까또 델로르가니짯지오네 인떼르낫찌오날레

❺ Vorrei avere notizie circa la vostra startegia commerciale.
보르레이 아붸레 놋띳찌에 치르까 라 보스뜨라 스뜨라떼지아 꼼메르치알레

Il prodotto principale
(일 쁘로돗또 쁘린치빨레) : 주요 상품들
il certificato (일 체르띠휘까또)
: 국제인증서

앗! 단어장!

기본 회화에서 계약 성공까지!

비지니스 회화!

❶ 교환번호 305번 대주시겠어요?

❷ 그는 지금 통화중입니다.

❸ 잠시만 기다려 주십시오.

❹ 그는 지금 자리에 안 계신데요.

❺ 5분 후에 다시 전화해 주시겠어요?

❻ 그녀와 어떻게 연락할 수 있을까요?

❼ 제게 전화해 주었으면 한다고 그에게
전해 주십시오.

Attendere un istante
(앗뗀데레 운 이스딴떼) : 기다리게 하다
un momento (운 모멘또) : 잠시

④ 전화 통화시에!

❶ Vorrei il posto numero 305, per favore.
보르레이 일 뽀스또 누메로 뜨레제로친꿰 뻬르 화보레

❷ La linea e' occupata.
라 리네아 에 옥꾸빠따

❸ Attenda un momento per favore.
앗뗀다 운 모멘또 뻬르 화보레

❹ Non c'e' in questo momento.
논 체 인 꾸에스또 모멘또

❺ Puo' richiamare fra 5 minuti?
뿌오 리끼아마레 프라 친꿰 미누띠

❻ Come posso contattarla?
꼬메 뽀쏘 꼰땃따를라

❼ Puo' chiederle se mi puo' richiamare?
뿌오 끼에데르레 쎄 미 뿌오 리끼아마레

Richiamare (리끼아마레)
: 다시 전화하다
contattare (꼰땃따레) : 연락하다

앗! 단어장!

❶ 귀사의 신제품을 보여주실 수 있습니까?

❷ 어떻게 작동하는지 보여 드리겠습니다.

❸ 1개 가격은 얼마입니까?

❹ 개당 10달러입니다.

❺ 가격은 주문 수량에 의해 정해집니다.

❻ 이것이 최저가격인가요?

❼ 지불조건은 어떻습니까?

Il nuovo prodotto (일 누오보 쁘로돗또)
: 신제품

il prezzo (일 쁘렛쪼) : 가격

❺ 상담할 때!

❶ Potete mostrarci il vostro nuovo prodotto?
뽀떼떼 모스뜨라르치 일 보스뜨로 누오보 쁘로돗또

❷ Vi mostro come funziona.
뷔 모스뜨로 꼬메 푼찌오나

❸ Qual' e' il prezzo per unita?
꾸알레 일 쁘렛쪼 뻬르 우니따

❹ Costa 10 dollari al pezzo.
꼬스따 디에치 돌라리 알 뺏쪼

❺ Il prezzo dipende dalla quantita' richiesta.
일 쁘렛쪼 디뺀데 달라 꾸안띠따 리끼에스따

❻ E' il prezzo piu' basso?
에 일 쁘렛쪼 삐우 밧쏘

❼ Vorrei conoscere le modalita' di pagamento.
보르레이 꼬노쉐레 레 모달리따 디 빠가멘또

Al pezzo (알 뺏쪼) : (개)당

la domanda (라 도만다) : 주문

la condizione (라 꼰디찌오네) : 조건

앗! 단어장!

❶ 최신 제품의 샘플을 보여 드리겠습니다.

❷ 그 제품의 재고가 있습니까?

❸ 귀사의 제품을 주문하고 싶습니다.

❹ 얼마나 주문하실 겁니까?

❺ 주문을 변경하고 싶습니다.

❻ 계약서를 작성합시다.

❼ 대금을 언제 송금해 주실 건가요?

La scorta (라 스꼬르따) : 샘플

lo stock (로 스똑) : 재고

ordinare (오르디나레) : 주문하다

❻ 계약, 주문할 때!

❶ Vi mostrero' le caratteristiche del nostro nuovo prodotto.
뷔 모스뜨레로 레 까랏떼리스띠께 델
노스뜨로 누오보 쁘로돗또

❷ Avete la stock di questo prodotto?
아붸데 라 스똑 디 꾸에스또 쁘로돗또

❸ Vorrei ordinare il vostro prodotto.
보르레이 오르디나레 일 보스뜨로 쁘로돗또

❹ Qual' e' la quantita' dell' ordine?
꾸알레 라 꾸안띠다 델오르디네

❺ Vorrei cambiare l' ordine.
보르레이 깜비아레 로르디네

❻ Facciamo il contratto.
횟치아모 일 꼰뜨랏또

❼ Quando dovra' pagare la prima rata?
꾸안도 도브라 빠가레 라 쁘리마 라따

il contratto （일 꼰뜨랏또） : 계약서

il pagamento （일 빠가멘또） : 지불

앗! 단어장!

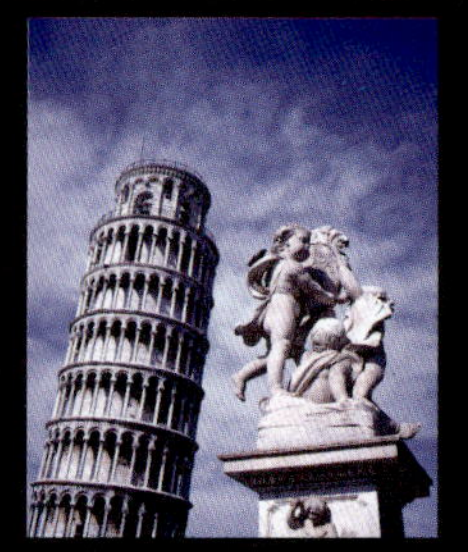

부록 필수 단어사전!

부록 : 필수 단어사전!

꼭! 꼭! 꼭! 필요한 단어들을 내용별로 정리한 사전입니다!

● 숫자세기

1	**uno**	우노
2	**due**	두에
3	**tre**	뜨레
4	**quattro**	꾸아뜨로
5	**cinque**	친꿰
6	**sei**	쎄이
7	**sette**	쎄ㅅ떼
8	**otto**	옷또
9	**nove**	노베
10	**dieci**	디에치
20	**venti**	벤띠
30	**trenta**	뜨렌따
40	**quaranta**	꾸아란따
50	**cinquanta**	친꾸안따

60	sessanta	쎄싼따
70	settanta	쎄ㅅ딴따
80	ottanta	옷딴따
90	novanta	노반따
100	cento	첸또
101	centouno	첸또우노
102	centodue	첸또두에
110	centodieci	첸또디에치
120	centoventi	첸또벤띠
130	centotrenta	첸또뜨렌따
200	duecento	두에첸또
300	trecento	뜨레첸또
1,000	mille	밀레
10,000	diecimila	디에치밀라
100,000	centomila	첸또밀라
1,000,000	un milione	운 밀리오네

첫째	primo	쁘리모
둘째	secondo	쎄꼰도
셋째	terzo	떼르쪼
넷째	quarto	꾸아르또
다섯째	quinto	뀐또
여섯째	sesto	쎄스또
일곱째	settimo	쎄ㅅ띠모
여덟째	ottavo	옷따보
아홉째	nono	노노
열번째	decimo	데치모

➡ 시간

1시	l' una	루나
2시	le due	레 두에
3시	le tre	레 뜨레
4시	le quattro	레 꾸아뜨로
5시	le cinque	레 친꿰
6시	le sei	레 쎄이
7시	le sette	레 쎄스떼
8시	le otto	레 옷또
9시	le nove	레 노베
10시	le dieci	레 디에치
11시	le undici	레 운디치
12시	le dodici	레 도디치

10분	dieci minuti	디에치 미누띠
15분	quindici minuti	뀐디치 미누띠
20분	venti minuti	벤띠 미누띠
30분	trenta minuti	뜨렌따 미누띠
45분	quarantacinque minuti	꾸아란따친꿰 미누띠

◐ 날짜와 요일

아침	Il mattino	일 맛띠노
정오	il pomeriggio	일 뽀메릿찌오
저녁	la sera	라 쎄라
밤	la notte	라 놋떼
오늘	oggi	옷지
내일	domani	도마니
모레	dopodomani	도뽀도마니
어제	ieri	이에리
그저께	l' altro ieri	랄뜨로 이에리
매일	tutti i giorni	뚜띠 이 지오르니
오전	a.m.	아엠메
오후	p.m.	삐엠메

일요일	domenica	도메니까
월요일	lunedi	루네디
화요일	martedi	마르떼디
수요일	mercoledi	메르꼴레디
목요일	giovedi	지오베디
금요일	venerdi	붸네르디
토요일	sabato	싸바또
이번주	questa settimana	꾸에스따 쎄띠마나
다음주	la prossima settimana	라 쁘롯씨마 쎄띠마나
지난주	settimana scorsa	쎄띠마나 스꼬르사
매주	tutte le settimane	뚜떼 레 쎄띠마네
주중	durante la settimana	두란떼 라 쎄띠마나
주말	il fine settimana	일 피네 쎄띠마나

❍ 월(月), 계절

1월	**gennaio**	젠나이오
2월	**febbraio**	훼브라이오
3월	**marzo**	마르쪼
4월	**aprile**	아쁘릴레
5월	**maggio**	맛지오
6월	**giugno**	지우뇨
7월	**luglio**	룰리오
8월	**agosto**	아고스또
9월	**settembre**	쎄뗌브레
10월	**ottobre**	옷또브레
11월	**novembre**	노벰브레
12월	**dicembre**	디쳄브레

이번달	**questo mese**	꾸에스또 메세
다음달	**il prossimo mese**	일 쁘롯씨모 메세
지난달	**il mese scorso**	일 메세 스꼬르소
매월	**tutti i mesi**	뚜ㅅ띠 이 메시
월말	**la fine del mese**	라 휘네 델 메세

봄	**la primavera**	라 쁘리마베라
여름	**l'estate**	레스따떼
가을	**l'autunno**	라우뚠노
겨울	**l'inverno**	린베르노

*2003년 12월 26일 수요일
il mercoledi 26 dicembre 2003.
일 메르꼴레디 벤띠쎄이 디쳄브레 두에밀라뜨레

🡒 사람 · 가족

소년	Il ragazzo	일 라갓쪼
소녀	la ragazza	라 라갓짜
남자	l' uomo	루오모
여자	la donna	라 돈나
아기	il neonato	일 네오나또
어린이	il bambino	일 밤비노
아버지	il papa'	일 빠빠
어머니	la mamma	라 맘마
부모	i genitori	이 제니또리
아들	il figlio	일 필리오
딸	la figlia	라 필리아
남편	il marito	일 마리또
아내	la moglie	라 몰리에
형제	il fratello	일 프라뗄로
자매	la sorella	라 쏘렐라
조카	il nipotino	일 니뽀띠노
조카딸	la nipotina	라 니뽀띠나
숙부	lo zio	로 찌오
숙모	la zia	라 찌아
할아버지	il nonno	일 논노
할머니	la nonna	라 논나
형	il fratello maggiore	일 프라뗄로 맛지오레
누나	la sorella maggiore	라 쏘렐라 맛지오레
남동생	il fratello minore	일 프라뗄로 미노레
여동생	la sorella minore	라 쏘렐라 미노레

◆ 나라/국민/언어

한국	la Corea	라 꼬레아
한국인	il Coreano	일 꼬레아노
한국인(여)	la Coreana	라 꼬레아나
한국어	il coreano	일 꼬레아노
중국	la Cina	라 치나
중국인	il Cinese	일 치네세
중국인(여)	la Cinese	라 치네세
중국어	il cinese	일 치네세
일본	il Giappone	일 지압뽀네
일본인	il Giapponese	일 지압뽀네세
일본인(여)	la Giapponese	라 지압뽀네세
일본어	il giapponese	일 지압뽀네세
미국	gli Stati Uniti	리 스따띠 우니띠
미국인	l' Americano	라메리까노
미국인(여)	l' Americana	라메리까나
영국	l' Inghilterra	린길떼라
영국인	l' Inglese	린글레세
영국인(여)	l' Inglese	린글레세
영어	l' inglese	린글레세
독일	la Germania	라 제르마니아
독일인	il Tedesco	일 떼데스꼬
독일인(여)	la Tedesca	라 떼데스까
독일어	il tedesco	일 떼데스꼬
이태리	l'Italia	리딸리아
이태리인	l'italiano	리딸리아노
이태리인(여)	l'italiana	리딸리아나
이태리어	l'italiano	리딸리아노

▶ 색깔

빨간색	Il rosso	일 롯쏘
흰색	il bianco	일 비앙꼬
노랜색	il giallo	일 지알로
파란색	il blu	일 블루
검은색	il nero	일 네로
초록색	il verde	일 붸르데
분홍색	il rosa	일 로사
보라색	il violetto	일 뷔올렛또
갈색	il marrone	일 마로네
회색	il grigio	일 그리지오

1 목적지 공항도착!

목적지 공항에 도착하면 짐을 잘 챙겨서 내립니다. 입국심사서는 미리 준비하세요!

2 도착 출구통과!

'Arrival' 이라고 써있는 출구를 찾아 통과합니다.

✚ **잠깐만요!**

여권! 입국심사서! 항공권! 수하물표!를 잘 챙겨서 나가십시오!